诗教育

李文炳 著

中国人民大学出版社
·北京·

他序

书文双美寓教心

赵海若

一个世纪前，两位文化教育大家合作，为一所小学校撰文、书写碑记。教育大家之大，恰恰在于重视小学，这两位文化教育大家合作的碑记中所记述的小学，就是云南私立求实小学。

这是当时云南为数不多的新式小学：办学方式和开课科目，都大不同于以往的私塾。两位先生用文言文和书法来记述，让这块碑记流露着新旧融合的民国风，这不仅是一段佳话，也是一个启发。

这块碑记，原名为《云南私立求实小学校记》（后文简称《求实小学校记》）。求实小学为爱国人士苏鸿纲先生等人创办，是昆明市第十中学的前身。“民国十四年秋八月，呈贡秦光玉撰文，昆明陈荣昌书丹，毕钟镌石。”原石无存，幸有拓片存世。此碑立于 1925 年，全文近 800 字，撰者、书者俱为滇中近代教育宗师、文化巨擘，书者身兼滇中一代翰墨宗师，造诣为钱南园之后一人，如此，文和字的意义不言而喻。

陈荣昌夫子主讲经正书院时，秦光玉先生是门下得意弟子，师生情谊维系终生。秦光玉先生曾两次出任云南省教育厅厅长，前后曾参与创办成德中学、求实小学、五华中学、五华文理学院。此文中说到办中学、小学之不易，记述求实小学发起人、校址、经费等，是知情者，文末寄寓期望：

秦光玉先生像

嗟乎，私立学校所以补官立公立之不足也！余尝东游日本，参观庆应义塾，与福泽之子上下其议论而知：庆应之历史，始于小学，终于大学，毕业学生以万千计。服务于社会，效职于国家者，不可以偻指数，私立学校之关系大矣！求实小学校既有确定地点、切实经费，基础稳固，发达可期。甚愿发起诸君毅力维持、循序推广，由小学而中学、而专门、而大学，与庆应义塾媲美——此余所望于求实小学者，抑即所望于成德中学者也！

光绪二十九年（1903 年）陈荣昌夫子时任云南高等学堂总教习（校长），并兼办全省教育事宜。门生秦光玉、黄华、杨琼、蒋谷等为教员。1904 年，陈荣昌夫子又兼省学务处总参议，规划全省教育，创建初级师范、两级高等师范学校，以应全省将私塾改设学堂之急需，并推荐秦光玉、钱用中、周钟岳等人赴日本留学，分学各科。秦光玉入弘文学院师范科，此碑文中提到游学时参观庆应义塾，秦与创办者福泽之子探讨中得知庆应办学以小学为基础，进而中学、大学。年末，秦光玉从日本致呈函禀告陈夫子，并恳请老师前往考察：

光玉自到东后，即拟绪修芜禀。我夫子恳恳勤勤，整饬学务，三迤人士，悉获陶成，临风怀想，何胜佩慰。光玉庸才碌碌，游学东瀛，苦不得其要领。然窃观日本之强，亦强于学校而已矣，亦强于寻常小学校而已。三岛林林总总之俦，至七岁时，无论贫富、贵贱、男女，靡不迫使入学者。举国之人，皆受普遍教育，故举国之人，皆有爱国思想……吾滇欲振兴学校，必先自作育小学教师始，宜先办简易科，一年毕业，毕业后，又招一班。如此数年，则小学教师遍三迤矣。小学教师既多，则七十余县之小学，可以遍设矣。小学遍设，则及岁不学，罪其父母。人人皆入寻常小学，人人皆受普通教育，人人皆有爱国思想，人人皆有国民资格，而皆自作育小学教师始也。虽然，无教科书以佐助之，无仪器试验之，无标本模型图书等以启发而诱导之，皆不可也。

这位未来的教育厅厅长，看到了教育是强国、强滇的根本，而小学是教育的基础，对迅速培养小学师资有了具体的设想。

1905 年陈荣昌夫子获学部批准，赴日本考察政治、教育、实业、铁路各科。6 月抵京都、东京，又至足尾、北海道，前后百日，见闻写成《乙巳东游日记》。除到工厂、矿业所、博物馆、游艺馆等处观摩，主要参观了大、中、小学及幼稚园 30 余所，有普通学校、女子学校、师范学校、农业学校，包括常磐小学、有马小学。在有马小学看到课间休息时，学生与老师一起游戏，一听到铃声立即进教室，严肃整齐：

陈荣昌先生像

其小学生之于师，有坠其肩者，抱其腰者，曳其手足者，师亦听之，且更诱之，而学生与学生之欢呼跳跃，更不待言，所谓儿戏，漫无规矩矣，弛之甚也。及一闻铃声，跳闹欢呼陡然而止息，各就行列，行列既成，以风琴节之，各师导学生归讲室，严肃整齐，如军人之走阵，张之至也。吾国教法，有张无驰，及出学堂游戏，则师不与焉，失之远矣。前夕佐佐氏谓："观游戏时师与生皆在，而学生与师甚狎者，乃教师至善者也。"此言最有体验，然非亲睹其跳斗欢呼而闻铃即止之状，鲜不讶其言之太过矣。

有马小学这种活泼与严肃相间、张弛有度的气氛，给陈荣昌先生触动很深，感到中国教育的有张无弛。他本人从小便是一名规规矩矩的学童，尽管与几位老师感情很深，并知恩图报，但从来都毕恭毕敬，成人之后也是一直谦恭有礼，平素严于律己，不苟言笑，38 岁就主角经正书院，逐渐成了一代宗师名儒。

为求实小学书写此碑的时候，他已 66 岁。不知他的眼前是否会浮现十多年前日本小学生坠着老师的肩，抱着老师的腰，拽着老师的手脚这些场景。但至少，他在内心是认可小学生应当有一些活泼童趣的。故而在书写此碑时，他张弛有度，有意无意地将活泼天真与严肃整齐两种元素融进了《求实小学校记》的笔墨之中。

《求实小学校记》拓片（局部）

从艺术渊源看，此碑记风格取法北魏龙门造像刻石题记，本就具有民间气息，也兼有活泼天真与严肃整齐两种元素，圭角方峻而不失含蓄。碑记还具体汲取《杨大眼造像记》之方峻、《孙秋生造像记》之古厚，经由学养、功力深厚的陈老夫子写来，沉静雅致中蕴含简洁质朴之意，端庄严谨中带有憨拙之态，点画之间的稚拙与文雅把握得恰到好处。又由于数十年研习颜真卿、钱南园，不时表露一些颜体楷书的特质……在他的魏碑风格创作中，此碑别具一格；如果就稚气而言，可谓绝无仅有。

陈荣昌夫子书写碑铭，大多数是仿钱南园楷书风格，百年以来人们常以此定论他的书法造诣，这实在是很深的误会。其实，在魏碑上，他功夫非凡，创作的时间跨度也很长，作品传世虽不多，却有着自己的风格特点，不逊色于同时代中原的碑派大家。以往他的魏碑作品，如《乙巳东游日记》《自治初桄》的封面题字，刚健挺拔，甚至有长枪大戟之感，是中年时雄心壮志的外化；而《求实小学校记》的书法则明显锋芒收敛、字势含蓄，显得笔短意长。若与他六旬开外的碑刻相比，书写于 1924 年的《陆军上将勋二位云南省长刘君墓志铭》，结构和笔法颜体为主，融合魏碑元素。省长刘祖武系军人出身，也曾是陈夫子的学生，书写此墓志铭当然以端严刚健为主。1926 年书写《清告诰授奉正大夫贵州龙里县知县施君墓志铭》，即另一学生施汝钦的墓志铭，全然是钱南园楷书的神貌。相对来说，1925 年书写的《求实小学校记》，就没有那么严肃的气氛。由此可见陈夫子取法广博、面目多样，笔墨的风貌变化，能够与不同的文字、场合需要相契合，也可看出他在书艺上的探索，直至晚年未曾稍懈。

另外再说一下陈荣昌楷书《蓼莪》《常棣》。行书落款是“庚申六月，困叟”，庚申即 1920 年，书者 60 岁。诗云：

> 蓼蓼者莪，匪莪伊蒿。哀哀父母，生我劬劳。
> 蓼蓼者莪，匪莪伊蔚。哀哀父母，生我劳瘁……
> 常棣之华，鄂不韡韡。凡今之人，莫如兄弟。
> 死丧之威，兄弟孔怀。原隰裒矣，兄弟求矣……
>
> 余既书《蓼莪》《常棣》讫，因识之曰：“学者能于此二诗一日三复，则孝弟之心油然生矣。”

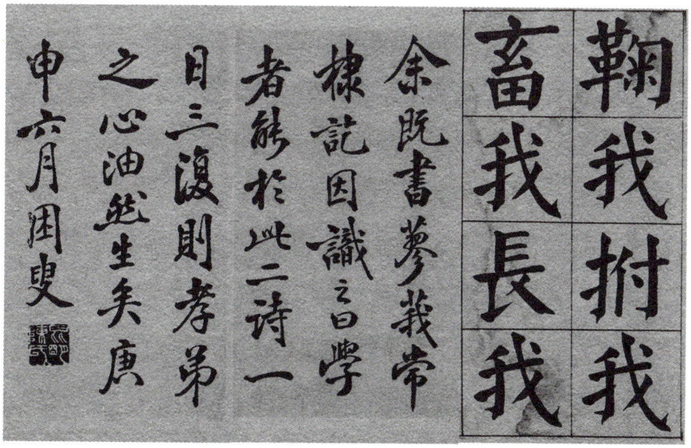

陈荣昌先生书《诗经》册页图片

年届花甲的他选写《诗经》这两篇名作，是为了让学人感念父母劬劳，由是生起孝悌之心。不难看出，尽管父亲过世已逾半个世纪，母亲已离开11年，三弟早夭，他对父母、兄弟的深情，仍浸透在字里行间。他的恩师孟光铎（觉人）先生，非常重视孝道，陈夫子在《东川孟觉人先生行略》中记述恩师言行，也提到《蓼莪》篇：

> 先生之教，先行后文，朔望必讲《孝经》。至是讲时有所感，辄垂涕不能语。后届讲期，非先生命，学子不敢呈书私相语。古有《蓼莪》者，今殆将废《孝经》矣。先生尝曰："教之为学孝，文也。博于文，主于孝也。"闻者以为至言，非先生不能道。

此用直臣名儒钱南园的楷书风格书写儒经的《诗经》章句，文义与笔墨契合。之所以耐看，不仅由于书法功底深厚，更有平生的学行为依托，且寄寓着深沉绵长的怀念和感恩之情。

陈荣昌夫子不仅是滇中一代国学宗师、书法宗师，也是诗人和教育宗师，他先后推荐前往日本留学的学子有120人之多，培养了政治、经济、军事、实业、教育等学科人才，对云南社会现代化起到很大的推动作用。就教育而言，门生秦光玉、袁嘉穀、蒋谷等，都具有极深的传统文化修养，对儒家仁学身体力行，又走出国门，开阔眼界，吸取科学理念及文化教育思想。融合新学与国学，而不将新旧文化对立，这正是儒家"日日新，又日新"精神和中庸智慧的体现。倏忽百年，犹然令人起敬，令人深思！

2021年2月21日下午于龙泉路耕雨室，时窗外飘雪。海若又记。

（注：赵海若先生为云南著名书法家、云南艺术学院美术学院书法专业副教授）

前言

诗的教育：
义教、声教、型教圆融实践的“诗教”之途

教育，是个永恒的难题，也是个永远的谜题。无论什么时代，它都不容忽视，它始终充满魅力，又永远困难重重。当代北美现象学教育学家马克斯·范梅南先生，曾把教育学视为一种独特的“迷恋他人成长的学问”。“迷恋”一词，充分揭示出教育中必不可少的一种人与人的关系纽带和情感联结，用今天流行的话来说，就是教育必须是有情感有温度的。然而怎样召唤出这种教育的“情感”及“温度”呢？作者以为，光靠口号、理念与盲目的激情显然还不行，让教育在情境化的情绪感发和审美熏陶中显现为某种教育的艺术和智慧，才是其中的关键。在中国，也许只有“诗的教育”才最能担当此任。

读诗、用诗、写诗。也许是因为汉语本身独特的诗性因素，中国不仅成了“诗歌”的国度，更因之升华为独一无二的“诗教”之国——在漫长的历史中，作为一种特殊的育人技艺与教育方式，中国人让诗歌与教育深度结盟，在充分彰显诗歌自由审美魅力的同时，潜移默化地达成了“温柔敦厚”的育人目标。“诗的教育”（简称“诗教”），塑造了中国人的“集体潜意识”，赋予中国文化极具辨识

度的特征。

2020年举国抗疫中，当唐诗“山川异域，风月同天”“青山一道同云雨，明月何曾是两乡”突然出现在日本的捐赠物资上时，许多国人被古老汉语的优雅魅力深深打动。此后中国疫情缓解，全球疫情蔓延，“肝胆每相照，冰壶映寒月”“一衣带水，天下一家”“天台立本情无隔，一树花开两地芳”“西程十万里，与君同舟行”“尼莲正东流，西树几千秋”……这些美妙典雅的古老诗句纷纷复活，被赋魂在了紧急送给韩国、日本、意大利、印度等国的援外物资上。全球抗疫，以诗传情，既展示大国外交风采，也显现出语文教育尤其是诗歌教育在现代社会的价值。与此同时，部分地区部分标语的粗鄙化现象则一直伴随在整个抗疫的过程中。这一十分矛盾的现象足以引起人们的警惕，随着对这些粗鄙标语现象的反思，长期以来我国语文课程改革中轻视或没有有效处理好“诗教”的问题，从而导致的一代或几代人诗性弱化问题也逐渐浮出水面。

从单一学科角度而言，语文课程中如何对待诗歌，这不仅仅是语文内部的一个技术细节问题，更涉及语文的根本观念及其背后的整体育人思想。这个问题早已引起国家领导人的高度重视。2014年，习近平总书记在北师大座谈交流时就指出过这种“去中国化”的悲哀，他明确表示极不赞成把古代经典诗词从课本中去掉。他认为，这些诗词经典应嵌入学生头脑，“成为中华民族文化的基因”。然而，令人多少有些遗憾的是，反思中国语文课一百多年来的改革，一种消解经典、消解汉语诗性甚至消解汉语本身的力量似乎一直伴随其中。

从传统的视角来说，在中国，“诗教”是一个更大的教育概念。诗歌及诗歌教学还不能完全等于“诗教”本身。但诗歌的教与学却来自“诗教”观念的潜在影响，也同时深刻地影响着“诗教”观念的变迁。

诗歌教学就是“诗教”在语文学科中作为一种特殊文体或技术呈现的最集中、最典型的微观层面；语文教育教学的诗性本质及学科教育性——用以“立德树人”的某种人本主义精神，亦即今日学界普遍讨论的“核心素养”，就作为诗教的中观层面；上升到人类、人性课程教学或教育中的诗意倾向或人文信仰，作为一种诗意涵养、审美育人的特殊育人技艺或课程教学及教育的中国智慧、中国传统教育思想，则是“诗教”的宏观层面。本书所说的“诗的教育”，就是以“诗性”为核心，同时在微观、中观、宏观三个层面上使用的“诗教”理念的通俗化表达。“诗教”问题，在近年教育改革中再次引发人们的关注。如何在新的“立德树人”环境下，发扬古老“诗教”在言语、政事以及“温柔敦厚”的人伦塑造等方面的审美育人功能，如何摆脱诗歌仅仅在语文学科中充当边角料摆设的实践局限，重新从学科交叉融合的角度寻找中学“诗教”转型的创新实践之途，寻找、发挥“诗教”的当代教育潜能等，都是摆在每个教育工作者面前的实践难题。

作为一线语文教师，作者关注“诗教”问题多年，近年又以“诗教”的理论探索作为自己教育博士论文的研究主题，在写作博士论文的过程中，适逢云南昆明第十中学（下文简称昆十中）谢晓玲校长推出了以“求实课程体系”的研究开发来提升学校办学内涵的新举措，作者被邀参与其中，负责“实雅课程”的开发实践。“实雅课程”的理念刚好与作者“诗教”的理论关怀不谋而合，于是借用这所培养出聂耳等杰出校友的百年老校的历史文化资源，尝试了从“诗课”“字课”“合唱”“戏剧”等方面展开的广义“诗教”，即“诗的教育”选修课实践探索，积累了一点课程经验。作者在云南师范大学教育学部写作博士论文、进行理论建构的同时，也着手将多年的“诗教”实践与昆十中“实雅课程”探索经验进行总结梳理。《诗的教育》这本面向所有人的书就是这种双向互动整理的结果，它是作者实践的总结，也是作者“新诗教”理论的别样说明。

《诗的教育》当然得以“诗”为核心，但不再是以往单纯讲解诗歌的那类通俗读物，而是从学科交叉、教育整体圆融的高度出发，从义教、声教、型教三种新路径契入的“诗教”方案。古老的汉语本是一种最具诗性的语言，某种程度上甚至可以说：每个汉字都是由义、音、形三位一体整体烘托出的一种诗意存在。由此出发，可以从中引申、脱化、升华出三条具有现实日常操作性的“诗教”创新实践之途，即是相应的义教、声教和型教。

义教注重正确的诗意赏鉴，要求向真正的诗人学习，回到诗本身。摒弃僵化牵强的模式解读，在伦理的规训与诗意的自由感通之间寻找拿捏微妙的智慧分寸，让沉浸于诗之义教的读诗人，在诗的艺术审美中受到潜移默化的熏陶，进一步获得灵性的觉醒和教育的启迪。

声教着眼多元的涵咏声韵。在适当场合条件下，鼓励师生进行不避方言的、适合自己内心节奏和诗文理解节律的吟诵与朗读，以地方性、个人化的特色进一步激活“诗性”本身。

型教则以汉字形体的书写之美、书法形态，文章型制及诸学科的独特美感为诗意的逗留处，要求重视汉字的日常书写习惯，并逐渐引向书法审美的熏陶之途，要尽可能利用名篇诗文的书法形态来激活对诗性的理解。教学中还要注意文章的形式、体裁、逻辑构架以及各学科内容独特的审美体验等型制审美因素的利用和统整。

本书即是在此“诗教”新途径的引领下，为中学“诗教”实践做出的新尝试。全书以义教、声教、型教、圆融为四大结构来组织创作，收录了作者撰写的“诗教”随笔、课堂讲录及相关主题的散文、论文，虽风格不一，但都指向同一个“诗教”主题。希望读者能在“诗教”的观念，具体文本、人物及教育融合统整等方面受到一点感染，收获一份启示，并能进一步兴发、开掘出自我的“诗性”。

本书是立足基础教育具有课程开发性质的课程成果。它的初衷是为作者构建的理论寻找一种具体的可行方案，同时为昆十中开发“实雅课程”提供一份融校史及语文、音乐、书法等多学科内容于一体的多功能“诗教”操作手册。而在编写过程中，由于新思想、新机缘的不断兴发、涌入，原有的思想走向不知不觉被改变了……由“编”而“著”，原创性的《诗的教育》从资料汇集中脱胎成形，升华而出。为了不局限于一地一校、一时一人，面向所有人介绍这一

“诗教”新理想，也为了不掠前贤、他人之美，具体的昆十中求实体系中的“实雅课程”资源，分录于此书的每一章后。作为此书思想操作的生动性说明，这部分亦有特别介绍的必要。

从千年文庙到魏巍大德，从竹园烽火到盘江之畔……昆十中弦歌不辍，箭吹弦颂着百年求实之歌。在新的条件下，如何立德树人、如何推动古典文教的现代革新、如何进行跨学科统整多学科融合，培育出新一代的“实雅”新人？本书各章的“实雅义教”“实雅声教”“实雅型教”即是从“诗教”的广义角度作出的一种新的尝试和可能的回答。

“实雅义教”采自昆十中校史资料的独特“碑记”“弁言”“褒状”“信函”等文体学习内容，集中进行“求实精神”的诗意咏赞，以致敬先贤，不忘以往教育人物的教育苦心与诗意情怀。

“实雅声教”的主体内容为《诗经》选篇，由作者对之作了简注，其中更特别对应选录了晚清云南唯一一位经济特科状元袁嘉穀先生主持整理的《诗经》古谱的相关篇章，以见在西学东渐、民族风雨飘摇之际，一代大儒对“诗教”传统维系转化的拳拳之心。

“实雅型教”是书法大家陈荣昌先生书丹的《云南私立求实小学校记》拓片，在昆十中百年华诞期间被偶然发现。原碑早已荡然无存，而昆十中校友捐赠的此拓片复印件一直沉睡在档案中，今机缘成熟，重现于世，识观者无不三呼庆幸！此碑书法风格独特，雄强兼朴茂，严肃又活泼，为陈先生晚年书法绝唱，其中饱含着几代教育家的教育赤诚，寄托着对云南教育新生力量的殷切厚望，与撰文者秦光玉先生的《求实中学校歌》所咏的“占高明之胜地，养朴茂之学风”意境相得益彰。为令读者领会其型教之教育诗意情怀，特邀当代著名书家赵海若先生论定为序，兹不赘述。又复因此帖机缘，引出徐曦先生者，出示其外祖父李树德先生珍藏之绝版书帖——陈荣昌书《诗经》册页。展读之际，复见陈荣昌先生大诗教家之良苦用心。徐曦先生不但愿意贡献此帖图影于此书中，后又独担大任，与作者，以及曹煜民、张国兴、任红华、尹恒等书家文化学者一起，为秦光玉所撰的《求实中学校歌》集字，努力从陈荣昌先生众多碑帖遗墨中寻找蛛丝马迹，将众人集字汇聚编订，最终玉成《求实中学校歌》集字。《云南私立求实小学校记》、《诗经》册页、《求实中学校歌》集字三者的出版，从书法角度而言，不独是一校的荣耀，也是广大书法爱好者的福音。此外还需提醒读者的是，本书插图部分除了采用个别具有“诗教”意义的书法名篇之外，也特别得到了当代书家赵海若、张金辉、王汝俊等人的大力支持，承蒙他们允许和授权，若干赏心悦目的与本书“诗教”意绪相连的书法作品，被提供给本书作为插图或型教说明使用。这些精彩之作，为本书增色不少。

手眼之间的汉字书写之美，口耳之际的古曲吟唱之乐，再加上心灵上诗义的沉潜涵咏的配合，三途统整、学科融合，“诗教”的落实才有现实的可操作性。本书中的诗学札记及诗课讲稿等主体内容，重新解读大众“熟知”而不一定“真知”的古今中外诗歌，打通外在形式的隔阂，直指诗性也即人性本身，希望能够启发后来者不断走向呼应汉字先天诗性因素义、音、形三位一体的“诗教”现实圆满之途。

这条路的尽头，是每个人眼耳身意一统的存在，是教育整体诗意的身心和谐。因此，在本书的“圆融篇”里，号召大家走进“诗性统整”这一人类“共同的房间”，以获得如先贤兰茂般眼耳鼻舌身意的身心教育整全；本章最后作者所创的《求实之子——少年聂耳》剧本，寄寓着教育的理想与慨叹，以戏剧舞台的形式吸引着读者去实践“诗教”，努力在“内在教师”的召唤下，走向自我的人生创作或创作人生大道……

因之，“诗的教育”不仅关乎中国教育智慧的根本追问，也关乎每个中国人在文雅传统中的诗性表达和“诗意栖居”。但愿有机会翻阅此书的每一个人都能够真诚地拥抱“诗的教育”，听从诗心深沉的召唤，同声相求、同气相投，与他人一起走在“诗意栖居”的人生大道上，那么，“诗的教育”就会成为世间最美的教育风景。

目录

◎第1章 义教篇

义教引说 1
1.1 神童何以成为神童 3
1.2 杜牧的航拍技巧 4
1.3 曲说直说 6
1.4 热闹的孤单 8
1.5 故意的误会 9
1.6 滇诗里的一道天才闪电 11
1.7 实雅义教 19

◎第2章 声教篇

声教引说 24
2.1 豪放与婉约——词的演变与风格 27
2.2 词中圣手辛弃疾 33
2.3 当行本色李清照 38
2.4 同气互相吹一吹 49
2.5 实雅声教 57

◎第3章 型教篇

▶型教引说 59
3.1 横排竖排——说排列 61
3.2 重复的才华——说重复之一 62
3.3 续说重复的才华——说重复之二 63
3.4 倒骑毛驴张果老——说倒装 65
3.5 文学核聚变——说型制 67
3.6 实雅型教 69

◎第4章 圆融篇

▶圆融略说 72
4.1 共有的房间 73
4.2 勾勒：兰茂这个人 74
4.3 诗的教育与观念重建 94
4.4 《求实之子——少年聂耳》 112

附录：诗篇诵读 129
后　记 174

第1章 义教篇

◎ 义教引说

无论对东方西方、群体个人来说，诗歌，都是富于魅力的精神活动。在人们的生活中，它扮演着十分重要的角色，是人类所创诸多事业中极有价值和意义的一项。荷马、但丁、莎士比亚、屈原、李白、杜甫、陶渊明……这些人类伟大星座组成的灿烂诗歌星河，永恒照耀着人类文化的亘古时空。而在某一特殊时刻，又不知给多少人带来感动震撼，带来无尽的沉醉和遐想……

凡是真正有诗歌体验的人，都不会否认诗歌具有打动人、改变人的强大力量。至于在社会现实层面的教育意义上怎样评价这种力量，东西方文化却有着完全不同的答案。

西方古希腊时期的诗歌发展有不俗的表现，大气磅礴，具有超凡魅力。其中，《荷马史诗》一直深入人心，影响深远。然而奇怪的是：在古希腊这样具备群众基础的丰沃的诗歌土壤上，在以“爱智慧”为标榜追求的哲学思辨探讨氛围中，并没有因之必然引出在教育上拥护诗歌的哲学主张。柏拉图在《理想国》中审判了诗人和诗歌，认为荷马的自由诗性与城邦巩固伦理之间存在本质的背反冲突。这一触及自由与规训、教化与感通等教育微妙尺度把握的“诗教悖论”，是对人类诗歌与教育处理关系本质的首次深刻揭示，在诗教实践中可命名为“柏拉图困境”。中国诗歌源远流长、枝繁叶茂，起源及成熟都较早。或许是因为汉语特有的先天诗性因素，在人类历史上，中国不仅发展为少有的诗歌大国，更是最早且长期让诗歌与教育深度结盟的国度——是唯一的“诗教”大国。滥觞于“三代以前”而成熟于先秦孔子之手的中国儒家古典诗教泽被深远，造就了中国文化极具辨识性的特征，至今余响不绝。由于读诗、写诗、用诗之道的全面普及，一定程度上中国古典诗教则在逻辑上实现了对“柏拉图困境”的实践性超越。中国古典诗教善于把握时机与微妙分寸的智慧尺度，不仅可为中国当下教育课程改革提供镜鉴，也为西方传统诗教悖论的“柏拉图困境”的进一步解决，提供了诸多现实超越的可能。

“诗的教育”首列“义教”，希望在诗的意义鉴赏上能真正朝向诗歌审美的核心诗意本身，不作过分歪曲的、固定泛化的模式解读，不作没有文本依据的道德训诫或伦理引申，努力从诗歌文本的细读出发来阐扬诗情诗意，以培育纯正的诗歌鉴赏品味，走出“诗的教育”审美育人的关键一步。

◎ 1.1 神童何以成为神童

请重温一下我们的童年，许多人学习并背会的第一首诗，大都是骆宾王 7 岁时写的这首《咏鹅》：

鹅鹅鹅，曲项向天歌。
白毛浮绿水，红掌拨清波。

每次我给高中学生做诗歌讲座时，都会以这首诗作为试金石，感觉是否正常、趣味是否纯正，一试便知。事实上，越是大家耳熟能详的东西，我们越是未必能说出所以然，会背不代表善会，字面上的懂，不见得就得了忘言之意。有时我们甚至能把一首诗的“好”讲得头头是道，若这种说法是来自别人的“告诉”，不过是别人意见的完全复写，与自我的会心尚隔天渊，算不得数。这就是黑格尔所谓的“熟知非真知”。

闲话少叙，该以成年人的心智，来重新打量这首印象中最简单的 7 岁小孩的诗了。按理说，7 岁小孩，任你天资聪颖，从知识积累、经验智慧、胸襟气度等各方面的成熟指标衡量，总之是比不过成人的，那么 7 岁小孩随口吟出的诗作，它的定位就应该在 7 岁小孩的层次，同龄人可以学习，成年人未必膜拜。可是，诗歌常常不遵守成年人的理性逻辑。

五言绝句，20 个汉字的容量，要在尺幅之间蓄千里之势，可谓字字金贵。开头三个“鹅”字，舍二字重三字，似乎处处犯忌，然正以不受成规之天纵英才，如摄影特写，不置一语，群鹅鱼贯而出的优美姿态，自然放映。此诗非主动看而咏鹅，是孩童不经意间，鹅景突闯眼帘，孩童遂欢呼雀跃，手指声唤，一派天机脱口而出……

又“曲”字，多理解为“弯的、弯曲的”，意为形容鹅“项”。大误。试想鹅颈本曲，再多一“曲”字，岂不废话，且于事理不通。我以为这个“曲”字所统帅者，正是后文“项向天歌”整句。鹅仰天而歌，从颈至身，整个形象从远处观正是一条美丽流畅的曲线，以成人分析思维，此“曲”字似乎是句式倒装效果，当先说“项向天歌”，再说“曲”。其实不然，“曲”字位置铁定不可移换，一换诗意全无。成人观物，多以概念分析主之；孩童观物，以原始直觉形象呈之。故先整体感通，心眼得一未分析的整体混沌的“曲”之美感直觉，惊异之余方细观察，分析思维随之，知此“曲”纯是鹅“项向天歌”之美姿丽影，物自涌现，浑然天成。

后两句色彩，是梦幻的色彩，细微处是天才儿童特有的敏感，让我屡屡想起顾城诗中那些跳脱的颜色，同时也觉得奇怪：我们做梦大多灰色，难道说天才诗人和神童们做的梦都是彩色的不成？

骆宾王 7 岁所作的《咏鹅》，对于今天的人来说，无异于神话。不谈骆本人的天赋，它起码还说明两个问题：从后两句对仗之工稳可以折射出当时整体文化教养之好，7 岁小孩受到的文化启蒙熏陶及文字使用训练令人惊叹；而前两句则启示我们，诗歌的圣灵总是降临在赤子心里，与世故和老谋深算，恰好无缘。

◎ | 1.2　杜牧的航拍技巧

一千多年前的晚唐诗人杜牧肯定没有坐过飞机，可他已经早早懂得了航拍技巧。千真万确，这可不是在写穿越小说，请再次细读他的《江南春》绝句：

千里莺啼绿映红，水村山郭酒旗风。
南朝四百八十寺，多少楼台烟雨中。

试想你带着最先进的摄影器材，坐着飞机升到几千米的高空，面对几千里的烟雨江南，镜头慢慢摇过：大片的绿，大片的红，红绿相间中燕舞莺歌，过一个个水村、一个个山郭，依稀看得到酒家的旗幌子随风摇摆，烟雨迷蒙中，多少寺庙楼台在大地上静静伫立。这时，镜头后的那个人开始长吁短叹感慨连连……

如此多的清晰细节，如此广阔的视野，不用现代的航拍技巧怎么可能流畅而且高清地呈现？坐过飞机的现代人现在彻底能够理解了，但是退到500多年前，也是同为诗人的杨慎——这个在云南写过多少美丽诗篇的状元诗人诗思不俗，想想今天还有多少人在传唱他《三国演义》开篇那首“滚滚长江东逝水”的《临江仙》就知道了——却怎么也理解不了这首诗中的“航拍技巧”，明确提出世人将杜牧这首绝句传错了，“千里”当为“十里”之误。《升庵诗话》为证：

> 千里莺啼，谁人听得？千里绿映红，谁人见得？若作十里，则莺啼绿红之景，村郭、楼台、僧寺、酒旗，皆在其中矣。

想杨慎一世诗坛威名，竟在这个小细节上招致后来多少人的嘲笑！其实看看杜牧的其他篇章，大约也能悟出一二。杜牧的另一名篇《阿房宫赋》，写景部分几乎全是镜头语言。而“蜂房水涡，矗不知其几千万落”这一句分明就是对庞大的建筑群群落远景进行航拍产生的视觉景观，细密的“蜂房”是远景加高清摄像，“水涡”是高远的混沌视觉效果。至如中部对宫女晨洗效果的描绘，从楼上到楼下，一气灌注，简直让人怀疑是杜牧事先看了航拍的影像资料，否则怎么可以八方景观一时凑泊，各种视角拍摄之后又剪辑得流畅自然？科技发展到今天，要把杜牧这篇文章写出的效果用镜头如实表现，可能还会面临许多技术难题，而一千多年前的杜牧已经利用文字远远超越了技术，轻轻松松抵达实景。说他是领先于我们科技时代的“文字摄

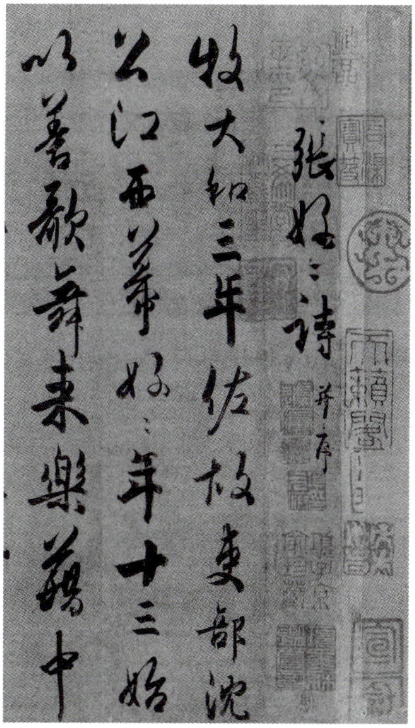

杜牧自书《张好好诗》诗帖墨迹（局部）

影”，一点不为过。随便挑出他集子中的诗来看，多有非人间、非凡人的采景视角，如：“长安回望绣成堆，山顶千门次第开。一骑红尘妃子笑，无人知是荔枝来。”至于说他的历史纵深感，那还在其次。

说杜牧懂得航拍技巧，其实等于说他拥有“上帝”视角，非同常人的眼光：能具体，也能超越；能“须弥藏芥子”，也能“芥子纳须弥”。一般人的表达或许会说他有丰富浪漫的想象力、大气磅礴的胸襟气魄，但这种说法很容易把他和一般诗人的“洒狗血”似的豪放混为一谈。杜牧凭其天赋操纵着一个个方块汉字，不仅笑傲千年文坛，顺带把我们未来的摄像技巧也预演了一番，不，确切地说，是嘲弄了一番！

◎ | 1.3 曲说直说

唐代诗人李峤有一首诗：

解落三秋叶，能开二月花。
过江千尺浪，入竹万竿斜。

写景句句如在眼前，一句一场景，整首诗乍合起来一读，倒反让人一时不得要领。这些场景似乎支离破碎，不能浑然一体。要看题目，才会恍然明白，原来写的是——风。“风”一出，画龙点睛。这种写法表面句句直说，又句句不说，整体成一大谜团，智巧明中斡运，阴阳暗里乘除，作者读者均需智力参与，说叶不为叶，讲花不指花，声东击西。打破闷葫芦，才放大光明，否则读起来徒增气闷。试比贺知章的“不知细叶谁裁出，二月春风似剪刀”，字面比喻虽显斧凿痕迹，内涵指向却更明了清晰。

众人熟知的朱庆馀诗：

洞房昨夜停红烛，待晓堂前拜舅姑。
妆罢低声问夫婿，画眉深浅入时无？

这首闺情之作写得很着力，但作者实际对此并无闲心，新娘的尴尬紧张只是他临近考试而前途未卜心态的移情——《近试上张水部》，探探考试消息，才是目的。考官张籍也心领神会，隐喻答之，以宽慰其心：

越女新妆出镜心，自知明艳更沉吟。
齐纨未是人间贵，一曲菱歌敌万金。

随用随扫，“作弊”而不留痕迹，这种时候是得玩点脑子，曲说，诚不得已矣！

这类曲线奇巧的诗，偶一为之，玩玩可以，如果首首如是，必将累煞人。搞点小聪明，玩个小伎俩，小片刀法、花花肠子之人，时间一久必为人轻看。对比之下，干脆利落、直白坦荡方是君子正途。技巧固不可丢，以正合、以奇胜，直而不戆才会为人尊敬。为人如此，诗亦然。曲说直说，连环可解也。人性喜猎奇，而诗似乎要例外得多，曲说奇巧、过度构思的往往非上品，人们最喜扬颂的，常常是言情沁人心脾、写景豁人耳目、心口相应合辙的直说之诗。也怪，大家之作、无量数好诗，也就是个直说——“明月松间照，清泉石上流。”不比喻，无隐晦，直直道来，自然成诗。“大漠孤烟直，长河落日圆。”“直”和“圆”，无须拐弯，直接形容，是大壮

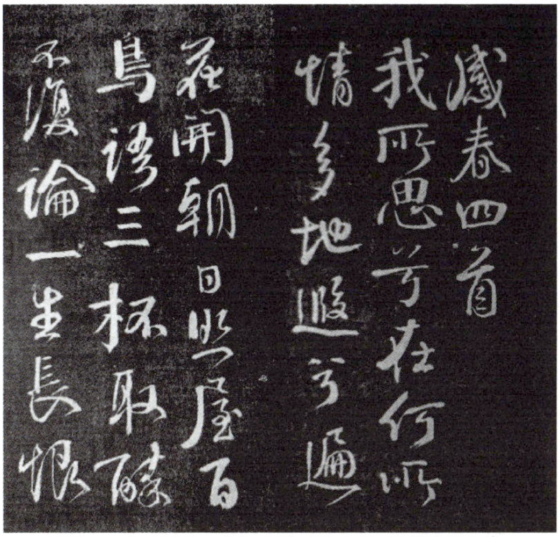

钱南园先生行书韩愈诗《感春四首》局部

观。杜甫九死一生逃到家，未进门，心情之复杂无以言表，一般得用多少比喻、多少聪明才形容得透，可他的说法让人大跌眼镜："柴门鸟雀噪，归客千里至。"直述感想，一个"噪"字足够。诗仙李白是怎样的口吐莲花呢？随便背背他的名篇颇令人吃惊，《静夜思》《赠汪伦》《黄鹤楼送孟浩然之广陵》《早发白帝城》……不做作，不费力，直着说，随口道，仙气飘飘，诗仙就是这样修成的。唐诗中，就算我们以为有微言大义存焉的名篇，细细一读，还是直说不拐弯，只是无意间有了一击两应、一石三鸟的效果而已："白日依山尽，黄河入海流。欲穷千里目，更上一层楼。"你以为在讲道理呢，哪知还是直说实写——天啊，原来王之涣在"登鹳雀楼"！

◎ 1.4 热闹的孤单

辛弃疾说，少年不识愁滋味。初读徐志摩的《再别康桥》，仿若倾听天籁。飘逸灵动的诗思，流光溢彩的文字，似有一丝忧伤，但更多感受到的，是烂漫的天真，是洋溢的欢乐。进了中文系，听各个导师讲解，见种种书本分析，苦闷幻灭啦，痛苦绝望啦，多从写诗背景及诗人生平入手，牵强附会，甚感无聊。如此搔不着痒处，不如自己独得其"乐"。

如今略微历了些人事，稍有长进，复读此诗，阳光灿烂背后，确有巨大阴影，不过撒上一层淡淡的自我光晕后，面目已非纯然狰狞。白云、金柳、阳光、荇藻、潭水、虹彩、轻舟、笙箫等，在表面密集的热闹形象遮掩下，容易忽略其身影的孤单。平心分析，不算"撑一支长篙"的子虚乌有，就算"满载一船星辉"，又何尝有着？如果"向青草更青处漫溯"纯属想象，那"星辉斑斓里放歌"也不难实现，而"不能放歌"的说法便是强词夺理，现实的结果就是默不作声。

默不作声也罢，老徐还想法让他的"默不作声"也热闹起来——悄悄是别离的笙箫，夏虫也为我沉默，沉默是今晚的康桥！好热闹，要换一种正常说法就得让人可怜他：本想笙箫齐奏的送别，末了鬼影子不见一个；本想一听夏虫吟唱，临行不闻半丝虫鸣。一向怀想的这一方神仙福地，毕竟不属于卑微的自己，还是一甩袖子走罢！

就人生实境论，孤单，足以伤害普通人的灵魂感受，唯有厌倦离去的负面价值。诗人却不同，他们的人生，欢乐固欣然，宁可不写诗，和常人一样享受——欢愉之辞难工。孤单也不一般，他要以热闹欢乐的想象弥补之、替代之，如此，孤单对他的灵魂伤害就减到最小。即使是一个小小的孤单，他也不愿默默地逆来顺受，他要扩大它、夸张它，要大声说出、拼命喊痛，至少也得用热闹改装它。那么世界就成了他的世界，孤单也成了“热闹的孤单”，有了审美愉悦，得到情绪平衡，负价值逆转为正价值——愁苦之辞易巧。由此读唐诗，也就容易明白李白的一些思绪。

看他慷慨豪迈、一掷千金、游侠交友、醉酒吟诗，这绝对不是喜欢一个人吟风弄月的人，从个性说，他喜欢热闹。当事与愿违，不得不从世俗的热闹退回自己的孤单，一次次品尝痛苦的内心孤独时，他得找到自己处理孤单的方式。相看两不厌，只有敬亭山。

细玩《月下独酌》，不只是所谓“以乐景写哀情，哀更增一倍”的写法，也是以热闹抗孤单的心理排遣和精神超越。“举杯邀明月，对影成三人。”“暂伴月将影，行乐须及春。”“我歌月徘徊，我舞影零乱。醒时同交欢，醉后各分散。”极尽夸张赋热闹，孤单就在热闹间，热闹的咏唱，方使孤单的他略略宽怀。

这种热闹的孤单，还可上溯到曹植的《白马篇》，甚至更远。当然，它的根源，依然指向不受时空所限的每一颗敏感而且诗意的人心。

◎ 1.5 故意的误会

首登鸡足山，是一个雨后清晨。游人几乎绝迹，我独自背包穿行于山林道中，森林新洗，树色苍翠，叶上犹雨声滴铎，偶尔几声鸟鸣。远处似有溪河流淌，举头四望，来路的深林尽头，树的顶端末梢，青山隐隐之下，一抹深蓝分外夺目，水汽氤氲，几缕云烟缭绕……我呆在那里，久久凝视，直怪自己太粗心：如此天造地设的“沧海”风光，居然在进山前浑然不觉！遂抖擞精神，攀向高处。半小时后，等我气喘吁吁到山腰，正欲大观“沧海”时，真相让我顿时傻眼了：一勺水也没有！先前的“沧海”，纯粹就是对面矮小的另一种树色云山！惊愕的美感、喜剧的乖讹，一时纠结胸中。而古诗阅读时那种“故意的误会”的体验，也借此被瞬间激活。

我们渺小的心智，实在难以测度奇妙瑰玮的大自然，当我们自以为是地对大自然指手画脚时，大自然本身却以完全超乎我们想象的方式呈现，顿觉个体之微，我们哑然失笑，而愈发显衬出对面力量的不可思议。我们的确是“误会”了，至于大自然是有意或是无心，已超出我们的思考范围。

在诗中，诗人有时便模拟这种力量，故意制造“误会”，让读者的心绪在诗歌思维的迷局中先左冲右撞东奔西突若得亦张亦驰之道，后恍然大悟连连惊叹平添摇曳之姿。李白诗中常现个“疑”字，便是为此。“小时不识月，呼作白玉盘。又疑瑶台镜，飞在青云端。”同一个月亮，思乡时让时令、色彩、寒意故意误会，“疑是地上霜”。置身庐山瀑布，忘其有限人间，“疑是银河落九天”。

没有亲历的人难以想象天山雪景，“五月天山雪，无花只有寒”，李白故意安置了一个常人可能产生误会的前提，以为雪花若花，温柔细腻，而“无花只有寒”，瞬间就将误会解决，雪之寒让人印象深刻。

岑参的胡天八月飞雪，到摹其铺天盖地的来势之猛时，反以温柔的错觉笔法写道：“忽如一夜春风来，千树万树梨花开。”境界壮美，气魄极大，写意却举重若轻，一夜春风来，万树梨花开，故意引人误会，借机让人惊喜，令人称奇。说是比喻或夸张，都不得要领。对自然力量的敬畏赞叹，对自我心智的自嘲自怜，一点顽童似的疑情，一点解谜之后的豁然之喜……才算与这种特殊的审美体验，约略近之。

岑参故意以梨花误会雪，东坡却善反其道：“梨花淡白柳深青，柳絮飞时花满城。惆怅东栏一株雪，人生看得几清明。”在夏季误会冬天，梨花错觉若雪，冬夏轮转只一瞬，人生苦短之慨随势而出。东坡又天生幽默达人，“故意的误会”里那种必要的让人期待落空的喜剧感，于他更像来自天赋，《花影》已说：“重重叠叠上瑶台，几度呼童扫不开。刚被太阳收拾去，却教明月送将来。”《纵笔三首》又称：“寂寂东坡一病翁，白须萧散满霜风。小儿误喜朱颜在，一笑那知是酒红。”幽默中还能播弄几许幽微的玄意，细腻处常人乃不可企及。

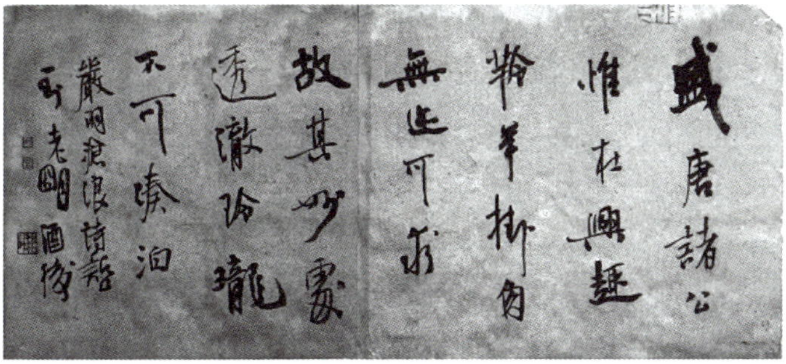

书法家张金辉先生书严羽《沧浪诗话》（任红华私藏供图）

释文：“盛唐诸公，惟在兴趣。羚羊挂角，无迹可求。故其妙处，透澈玲珑，不可凑泊。”

◎ 1.6　滇诗里的一道天才闪电

大诗人杜甫曾不无骄傲地说过：诗是吾家事。的确，在他的家族里一直展示着诗的荣光，远的不说，单是初唐，他就有位诗名显赫的诗人祖父杜审言。到了杜甫，更加光彩照人。诗似乎成了他们家的传家技艺。无独有偶，被袁嘉穀先生誉为“古滇真名士，玄壶老诗人”的兰茂，他的诗歌独放异彩，也一样有特殊的家庭原因。虽然无从推知他有杜甫那样的诗歌家学渊源，至少其家庭，也应该有相当好的诗歌氛围。兰茂的上辈亲人作诗如何不可知，他的两个弟弟兰廷俊、兰廷瑞也能诗，却是确定无疑的事实[①]。兰廷俊诗已经失传，可以勿论。兰廷瑞的诗因杨升庵亲到杨林兰家访求，得稿数十首。今尚存四首，俱见今《升庵诗话》“兰廷瑞诗”及“信天翁”两条目中：

滇中诗人兰廷瑞，杨林人也。予过其家，访其稿，仅得数十首。如《夏日》云：“终日凭阑对水鸥，园林长夏似深秋，槐龙细洒鹅黄雪，凉意萧萧风满楼。”《冬夜》云：“枕上诗成喜不胜，起寻笔砚旋呼灯。银瓶取浸梅花水，已被霜风冻作冰。”《题嫦娥奔月图》曰：“窃药私奔计已穷，藁砧应恨洞房空。当时射日弓犹在，何事无能近月中？”三诗皆可喜。[②]

信天翁，鸟名，滇中有之。其鸟食鱼而不能捕，俟鱼鹰所得偶坠者，拾食之。兰廷瑞诗云：“荷钱荇带绿江空，唼鲤含鲨浅草中。波上鱼鹰贪未饱，何曾饿死信天翁？”亦可以为讽也。廷瑞，滇之杨林人。[③]

兰廷瑞仅仅传下这四首短短的绝句，但其过人的诗才已足以令人震惊。作为恣意评点古今诗作、颇显自负的大诗人，杨慎过其家，访其稿，其记录的字里行间颇堪玩味：“仅得数十首”的得意与遗憾，“皆可喜”的赏识会心，以及两次介绍兰廷瑞身份的笔法。当然还包括没有一笔正面提及当时名声已经响亮的兰茂及其诗，却独独花费笔墨表彰不为人所知的兰廷瑞……这一切，显得如此与众不同与意味深长。我以为，即使是从深度讨论和认识兰茂诗歌的角度出发，这也是一个不可轻易忽略过去的重大事件。比较兰氏兄弟的诗作，或认真破译兰廷瑞的诗歌密码，都将成为其中应有之义。

虽然只有短短的四首遗诗，我却以为，如果仅仅从作诗的当行

---

① 注：“止庵兄弟三人皆能诗”的判断，复见于袁文典《滇南诗略》、《新纂云南通志·卷一百八十九·列传·兰茂贾惟孝传》及《嵩明县志·卷二十六·人物九·隐逸传》等书中。

② 杨慎. 升庵诗话新笺证. 王大厚，笺证. 北京：中华书局，2008：830.

③ 同上书，1132.

本色来说，兰廷瑞已经可以归为第一流的诗歌天才。通俗点说，可以把兰廷瑞及其诗作称为“滇诗里的一道天才闪电”。

1.6.1 《咏信天翁》：兰廷瑞最有名的诗

《咏信天翁》

荷钱荇带绿江空，唼鲤含鲨浅草中。

波上鱼鹰贪未饱，何曾饿死信天翁？

杨升庵表彰此诗后，兰廷瑞的这首诗还见于《琅邪代醉编·信天缘》《群谈采馀》等杂书。清代学者傅王露，字良木，会稽人，平生好学不倦，优游林下，著述自娱，晚年也自号曰信天翁，明显是袭用此诗之义。

近代著名“红学家”俞平伯先生，亦与此诗结下不解之缘。据王湜华所著的《俞平伯的后半生》一书透露：在俞夫人去世后不久，俞平伯做了个梦，梦中得见一块匾额，上书“汐净染德”四个大字。俞平伯一向有记梦的习惯，这梦见匾额之事，自然记了下来。他越琢磨这四个字，越感到有意思，似有颇深之寓意。于是他又想到了一句诗：“何曾饿死信天翁！”他即将“汐净染德”四字，与诗中之“信天翁”三字，请人治印……

著书者回忆俞平伯刻这对章的时间是 1982 年 9 月 11 日至 13 日。一朱一白，“汐净染德”为白文印，“信天翁”为朱文印。在留印蜕时，曾分别为二印作了小记。“信天翁”印的小记云：“此印亦丈一并命刻者。为鸟名，乃取‘何曾饿死信天翁’之句意。”俞平伯很喜欢，用蓝印泥多次钤用在他的书法作品上。搜索“百度百科”，还可看到“信天翁”实为俞平伯先生的笔名。有点遗憾的是，许多人会将作者“兰廷瑞”讹为“兰连瑞”，甚至在其家乡嵩明出版的一些刊物中，也会把这首诗记在兰茂的名下，以为“兰廷瑞”和“兰廷秀”都是在指称兰茂一人。冤哉！然而，作为偏居云南名不见经传的诗人，这首诗能在其诞生后的历史中，在全国引起如此多的回响，实在难得，也令人感慨。

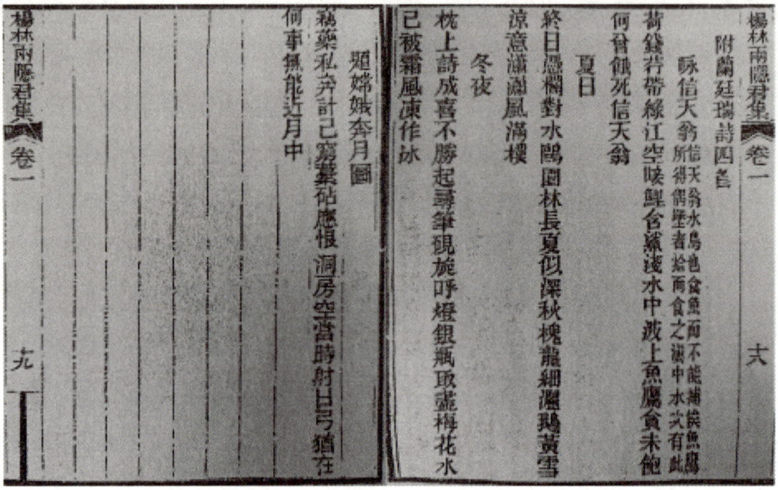
楊林兩隱君集 卷一 十八

附蘭廷瑞詩四首

咏信天翁 信天翁水鳥也食魚而不能捕候魚鷹所得偶墜者拾而食之湖中水次有此

荇錢荇帶綠江空唳鯉含鯊淺水中波上魚鷹貪未飽

何曾餓死信天翁

夏日

終日憑欄對水鷗園林長夏似深秋槐龍細灑鵝黃雪

涼意瀟瀟風滿樓

冬夜

枕上詩成喜不勝起尋筆硯旋呼燈銀瓶取盡梅花水

已被霜風凍作冰

題嫦娥奔月圖

竊藥私奔計已窮藁砧應恨洞房空當時射日弓猶在

何事無能近月中

楊林兩隱君集 卷一 十九

《杨林两隐君集》所附录的《兰廷瑞诗四首》

前引为俞平伯刻印的作者也认为印语很像是在说他的生平——“何曾饿死信天翁，真是感慨良深的自嘲啊！此时虽还未召开为他平反的会，但社会上正直而有良心的人，早已自有看法……富幽默感，乃是俞平伯一贯的文风之一。自况为‘信天翁’，来与梦中所见匾额配套，这不是最好的幽默与讽刺吗?!”

固然，《咏信天翁》中食鱼而不能捕鱼的水鸟，其存在境况充满艰难和尴尬，与鱼鹰之贪对比，诗中也不乏对世情揶揄和讽刺的幽默，但我以为这还不是根本的解说层次。超越对立的世俗情感，更深一点看，《咏信天翁》其实是一首充满启示的诗。在俗世生活里，无论你有多高的生命觉悟和精神境界，如果不关注物质和谋生手段，就很可能在现实中碰壁或生活艰难。

这里又有一个有趣的事情，请看法国波德莱尔的同名诗作《信天翁》：

信天翁是大海上的巨鸟
海员们常常捕捉来开心
这些悠然自得的旅途伙伴
一向随海船风波上飞行

海员们把它们放上了甲板
这蓝天之王便显得迟钝懊丧
巨大的翅膀凄楚地垂下
像两只船桨拖在身旁
这长着翅膀的旅行家别扭而衰弱
往日多漂亮，如今多丑多滑稽
这个人用烟蒂头逗弄着它的嘴壳
那个人模仿着它的伤残难飞
诗人正像这云中的王子
驱策风暴，睥睨猎人
一旦落到尘埃，便引起嘲笑
垂天的巨翼妨碍它自由前行

在这首诗里，将这种体现精神与物质、云间与大地“二律背反”的信天翁，直接与诗人的命运联系起来。回看自这首诗诞生以来，这么多的充满诗性的人对它给予关注，甚至以它为号为名，也充分说明这个咏叹对象与诗人命运的某种精神联系。换句话说，这首诗中的“信天翁”，实际上可视为诗人的隐喻。诗里对信天翁的咏叹，烛照出诗人普遍存在的精神困境或独特命运。

1.6.2　《夏日》：兰廷瑞最神秘的诗

《夏日》
终日凭阑对水鸥，园林长夏似深秋。
槐龙细洒鹅黄雪，凉意萧萧风满楼。

《夏日》虽题为“夏日”，却一夏涵盖了整个的四季变迁，充满对时间的意识和生命的感悟。

终日凭阑面对水鸥，在观止之一瞬，园林长夏却陡然生出深秋之感，同时，老槐树下飘扬的鹅黄细绒如雪细洒，又恍惚身在寒冬，凉意萧萧，冷风满楼，似乎让人体验到生命的无常荒凉，这一瞬间，四季轮转，恍如梦幻……这首诗也让人想起苏轼慨叹人生苦短的

《东栏梨花》：

梨花淡白柳深青，柳絮飞时花满城。
惆怅东栏一株雪，人生看得几清明！

但在梨花淡白、杨柳深青，柳絮满城飘飞的时节，忽然有一种元神出窍般的感悟。那些淡白梨花，好像是一株冬雪，春夏秋冬的四季轮转，在瞬间的“故意的误会”中完成，而人生的短暂和空幻，也在瞬间被人直观洞察到，诗人不由得生出“人生看得几清明”之叹。

苏诗与兰诗异曲同工，不过，认真比较起来，苏诗禅学味太重，诗中又几乎说破，不如《夏日》来得自然、天然、浑然且不涉理路。

1.6.3 《冬夜》：兰廷瑞最天才的诗

《冬夜》
枕上诗成喜不胜，起寻笔砚旋呼灯。
银瓶取浸梅花水，已被霜风冻作冰。

《冬夜》诗各处记载字句细节有所不同，或许也从一个侧面说明此诗的生发性。这首诗自由生发，出人意料又步步惊喜。诗人在冬夜枕上获得灵感，偶然成诗一首。因为处于激动人心的创造性心理体验中，故而欣喜若狂，即刻起床寻找笔墨纸砚，大声呼唤亲人掌灯相照。记录灵感急需用水磨墨，想到插梅花的银瓶中有存水，情急之中顺手倾倒——得诗的狂喜瞬间突然转化成不能得水的惊讶茫然，最终恍然大悟：银瓶里的梅花水，已被霜风冻成冰了！于是，在这个灵感

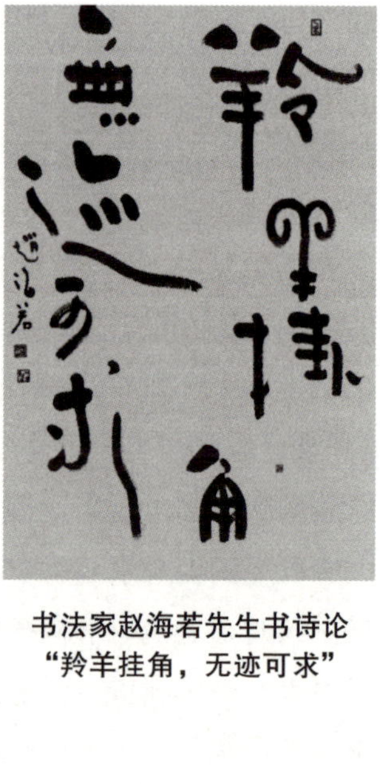

书法家赵海若先生书诗论
“羚羊挂角，无迹可求”

迭出的神秘冬夜，笔墨纸砚、银瓶、梅花、浸水、诗人、已完成的诗作……一切因素不过是天地间将要显现的一首“大诗”或“原诗”的材料、铺垫和过渡而已！我们一方面惊叹，一方面茫然——为他的那首在枕上妙手偶得的绝唱的完全不存。而能读到这首偶然生发、自动呈现的“大诗”，天地启示之诗的人，又是何等幸运！这种诗意发现和诗性捕捉能力的呈现，简直是惊天地、泣鬼神！堪称兰廷瑞最显天才的一首诗。

1.6.4 《题嫦娥奔月图》：兰廷瑞最复杂的诗

最后来看这个早已被人写滥了的题材故事“嫦娥奔月”。《题嫦娥奔月图》表现出兰廷瑞卓尔不群的诗思识见：

窃药私奔计已穷，藁砧应恨洞房空。
当时射日弓犹在，何事无能近月中？

李商隐《嫦娥》诗云：

云母屏风烛影深，长河渐落晓星沉。
嫦娥应悔偷灵药，碧海青天夜夜心。

如果拿此诗来进行对比，更能见出兰廷瑞的独到之处。

首先是聚焦人物的差异：《嫦娥》一诗聚焦于“嫦娥”这个人物本身，就“嫦娥”写“嫦娥”。《题嫦娥奔月图》则在嫦娥之外又对后羿花了较多笔墨。

其次是思想内容的不同：《嫦娥》一诗重在描写嫦娥窃药奔月后的弄巧成拙、事与愿违的局面，渲染由此引出的悔恨心情与永恒孤寂的心境，从而寄托遥深，可折射出作者多样复杂的人生感受。

《题嫦娥奔月图》中，前两句从嫦娥的角度理会：当两人本来恩爱的关系发展到一人窃药私奔之时，大概嫦娥已经无法忍受两个人这种世俗生活，已经完全没有办法，无计可施了，才会走这条惊世骇俗之私奔路。第二句，“藁砧”指代丈夫不在，男方长期在外奔走，彻底忽略了两人的关系和情感，洞房常空，人生遗恨绵绵，终于逼走了嫦娥。

当后羿面对这种情感局面时，这个能把天上的太阳都射下来的神箭手，当时射日的弓还在，却不能把射日之弓对准嫦娥私奔之月，昔日的射日英雄为什么成了不能射月的窝囊者？其间的道理何在？

与李商隐的《嫦娥》相比，这首诗着重在嫦娥与后羿的时空转换与关系变化中引向对“奔月”这个事件的深思；在遗憾、悔恨等情绪的揣摩和渲染中，还有对嫦娥与后羿真实情感关系的进一步追索玩味：当年后羿可以射日，其弓箭依然还在，为什么此时偏偏没有办法接近月亮呢？此中微妙值得深思。

在相对漠视男女情感生活的古代社会，这首诗不仅对男女情感领域、性情关系有相当的关注和体验，且大有当今哲学家对男女爱情悖论的思索和玩味的超越意趣，十分稀奇。全诗却又避开理性空洞的一般议论，采取即事而咏、含而不发的形象方式点染，诗意饱满，耐人咀嚼。①

感谢杨升庵，他随手记下，认为“皆可喜”短短的几首遗诗，无意间保留一道天才的光亮，使之不被地域所限、时间湮没。四首遗诗，让我们窥见一个诗歌天才的心灵世界。放之任何时代、任何国家，兰廷瑞都是个不折不扣的诗歌天才，尤其是在以短篇爆发创造能量的诗歌“闪电战”中，真正体现了严羽所说的“诗有别裁，非关学也”的特点。用现代英文时态来比说，他的诗不是“完成时”，而永远是当下涌动的“正在进行”时，这正是诗歌的某种“禅意”及其天才的独特象征。从诗歌本该有的当行本色来说，说他的诗才超过大名鼎鼎的乃兄兰茂也不为过，他是偶然划过滇诗时空的一道天才闪电。

---

① 此处关于《冬夜》与《题嫦娥奔月图》两首诗的诗意分析，改写自本人之前为《语文报》或各级模拟考试原创试题撰写的相关答案解析。

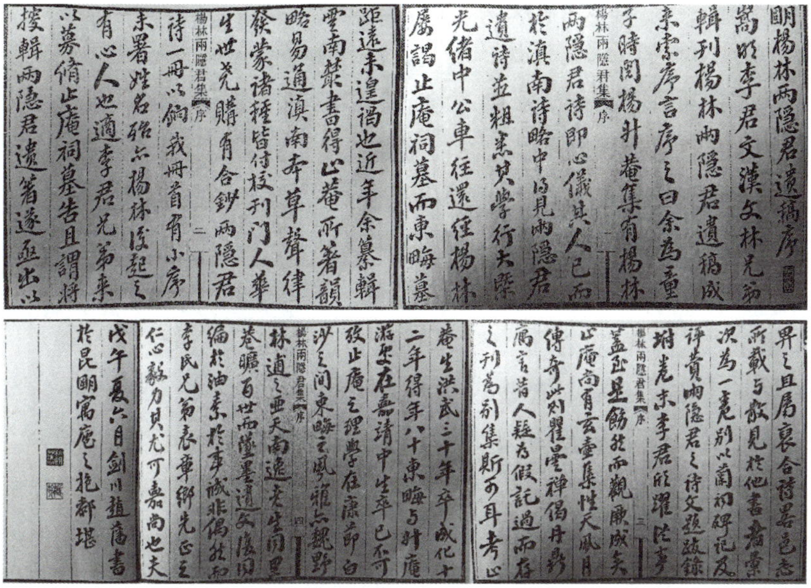

赵藩先生《杨林两隐君集》序稿墨迹

◎ | 1.7　实雅义教

1.7.1　秦光玉撰《求实小学校记》

吾滇自办学以来，于官立公外，竭私人之力以兴学者，全省之中，约有二十余所，而设之于省垣者，亦先后八九所，然往往因事中辍，不克持久。其可以持久，有确定地点、有切实经费，将来有发达扩张之希望者，在中学部分则有成德中学校；在小学部分则有求实小学校。之二校者，私立之翘楚，而滇人士之光荣也。

求实小学校成立于民国九年，其先起意于苏君鸿纲。苏君见学龄儿童，省立县立各小学校不能容纳，欲以私人能力创立小学，乃商之于李君壬林，而李君赞同。复商之于赵君树人、李君仲选、周君汝为、刘君庆福、徐君嘉瑞、何君作楫、武君士敏，而诸君亦赞同。爰是共同发起，始有求实小学校之组织矣！

唯是小学之设，与中等学校不同：中等以上学校，可设于僻远之地；小学则地点适中，学童往来，方称便利。乃呈请拨借文庙内名宦、乡贤两祠为校址。旋因修缮两祠，又呈请改拨明伦堂及两厢为校址。后因学生过多，增加一班，又呈请添拨桂香楼为教室，于是而求实小学校之地点始定。

至于经费方面，除收学生学费外，不敷之数，每年由发起人捐助数百元，添作开支。嗣因办理数年，成绩可观，而昆明劝学所每年补助银贰百伍拾元，圣庙会每月补助银贰拾元，财政司每月补助银壹百伍拾元；继又设校董会，由各界募捐，共得银贰千余百元，作为基金，于是而求实小学校经费始有的款之可言矣。

嗟乎，私立学校所以补官立公立之不足也！余尝东游日本，参观庆应义塾，与福泽之子上下其议论而知：庆应之历史，始于小学，终于大学，毕业学生以万千计。服务于社会，效职于国家者，不可以偻指数，私立学校之关系大矣！求实小学校既有确定地点、切实经费，基础稳固，发达可期。甚愿发起诸君毅力维持、循序推广，由小学而中学、而专门、而大学，与庆应义塾媲美——此余所望于求实小学者，抑即所望于成德中学者也！

余忝列校董，诸君属为记文，（特）叙述经过之事，与希望之情，以作纪念。至捐款之姓字及数目，则附诸文后，用志不忘云。

民国十四年秋八月吉日立，呈贡秦光玉撰文

昆明陈荣昌书丹，毕钟镌石

1.7.2 顾视高撰《云南私立求实学校十五周年纪念刊弁言》

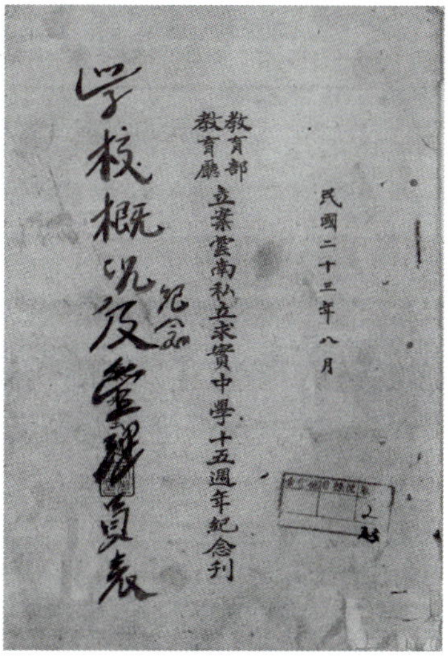

苏君维三创办云南求实小学校之四年，岁在甲子，余尝为文记其事，而跂望其积小高大，树吾滇私立学校之仪型，以与外省、外国竞。荏苒光阴，于是又十一年矣！此十一年，一困于经费，再厄于校址，艰难险阻，几不可为。赖君与各同人坚决迈往，廉隅自持，运筹支撑，再接再厉，迄至于今，更扩充小学为中学，由一班而二班、三班乃至九班，又筹设高中升学预备班。生徒济济，校务蒸蒸，教管诸君恳恳勤勤，不以报酬较轻，怠厥素志；更不以历时已久，懈厥初衷。得远迩之信仰，遣子弟负笈担笠来学者日以多，捐资相助者亦日以众。官府嘉许而立案，而补助经费，悉出自然。

鸣乎！高山荒作，平地楼台，谈何容易，愈以佩苏君与各同人之苦心毅力，仰乎莫可及已。不佞忝厕校董之林，于募捐虽稍效责，而以时局多艰，交游不广，每感事与愿达，良用愧歉。然自今以往，苟机有可乘，力所能逮，仍当勉尽绵薄，冀逐渐扩充，进而高中，更进而大学，以期无负初心之所跂望也。今当辑刊十五周年纪念，用志数言，至于校务经事及成绩具详卷中，不复赘云。

顾视高像

甲戌重九昆明顾视高

按：文中的“苏君维三”即苏鸿纲（1887—1956 年），著名教育家。“甲子”为民国十三年（1924 年），“甲戌”为民国二十三年（1934 年）。

1.7.3　苏鸿纲校长授予少年聂耳的褒状辞及答聂耳同志生平事迹搜集小组的信函

1.7.3.1　苏鸿纲校长授予少年聂耳的褒状辞

书曰：业精于勤荒于嬉。西儒曰：健全之精神宿于健全之身体。查本校高级三年生聂守信，本学年请假未逾六小时，成绩甚佳，品行高尚，非勤于业而具有健全之精神者，曷克臻此。爰照校规，授以褒状，冀更加勉是为至要。

右给学生聂守信

民国十四年一月　日

校长苏鸿纲

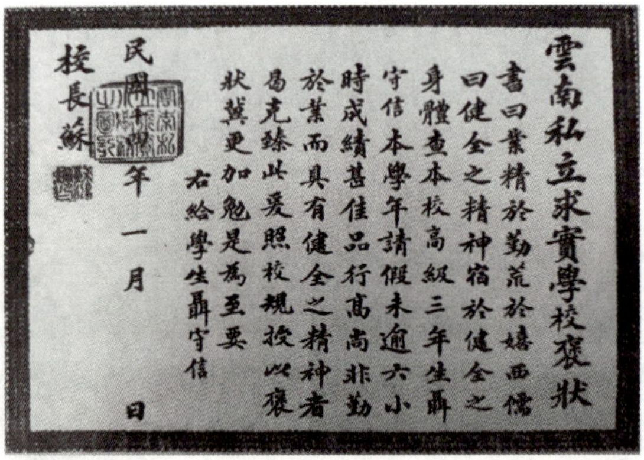
雲南私立求實學校褒狀

書曰業精於勤荒於嬉西儒曰健全之精神宿於健全之身體查本校高級三年生聶守信本學年請假未逾六小時成績甚佳品行高尚非勤於業而具有健全之精神者曷克臻此爰照校規授以褒狀冀更加勉是為至要

右給學生聶守信

民國十四年一月　日

校長蘇

1.7.3.2　苏鸿纲校长答聂耳同志生平事迹搜集小组的信函

聂耳同志生平事迹搜集小组各位同志：

兹将聂耳同志幼年性情及嗜学情形报告于左。

一、聂耳在求实小学时代，生性纯洁，活泼天真，爱广大同学，有正义感及忘我精神。

二、聂耳除研究各科学外，特别对音乐有意义，有趣味，有美

感。校中为伊对音乐有特长故，增设音乐小组，以培养其专长，特摄影以示提倡，鼓励前进。（影片前开会时已交会上）

此致

敬礼

苏鸿纲

一九五二年八月九日

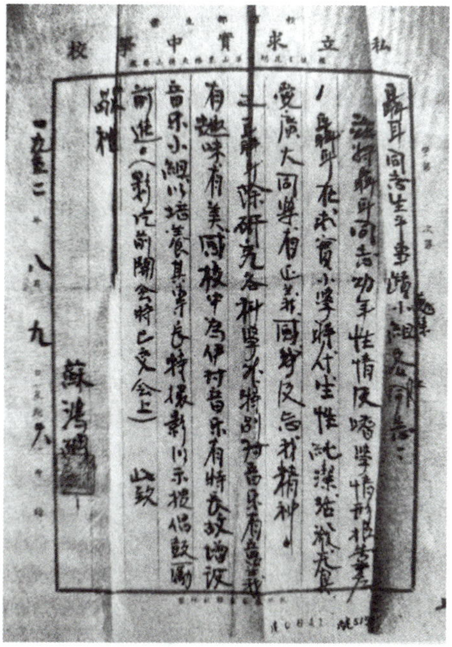

第2章

声教篇

◎ 声教引说

在马一浮的诗教论中，他认为“一切言语声音总为声教”。凡语言必有声，而诗常用韵——无论是外显押韵的韵脚还是不押韵的内在韵律。

由此看来，声教不光是汉语，应该是一切民族语言诗教的共同特点或共用方法。汉语中有“先声夺人”“声入心通”等成语，描述声教感人的便捷和功效。声教的这种效用已早被人们发现并广泛运用。

袁嘉榖先生主持整理
《诗经古谱》书影（任红华私藏）

在中国的儒家传统里，《诗经》与乐舞是一体的，这一点不仅可以从《诗大序》的直接描述以及《诗经》作品的重章叠句和朗朗上口特点中得到说明，还可以从晚清云南经济特科状元袁嘉穀先生任编译局局长时邀约王国维等人整理记谱的

《诗经古谱》里得到具体的印证，更不用说那些依声而填的宋词元曲了。

中国文字一字一音、平仄抑扬的韵律特点，特别造就了中国诗文的韵律讲究。联对古诗文，都需要在一定平仄音韵规训中感通汉语整体的声韵之美。“书读百遍，其义自见”“熟读唐诗三百首，不会吟诗也会吟”……这些人人耳熟能详的话语都浓缩着声教实践的历史经验。

即便是现代汉语，依然不能忽视声教韵略的审美潜力。已故作家王小波曾在他的《我的师承》一文中回忆他少年时听哥哥给他朗读查良铮先生翻译的《青铜骑士》：

> 我爱你，彼得兴建的城，
> 我爱你，严肃整齐的面容，
> 涅瓦河的水流多么庄严，
> 大理石铺在它的两岸……

他从声音就感受到了英雄体诗的雍容华贵，并认为是最好的文字。后来又读德国诗选里的译诗：

> 朝雾初升，落叶飘零让我们把美酒满斟！

他感叹这种汉语运用里，“带有一种永难忘记的韵律”，“这就是诗啊”。由此引发对于这些先生的尊敬和热爱：“他们对现代汉语的把握和感觉，至今无人可比。一个人能对自己的母语做这样的贡献，也算不虚此生。”他认为翻译家们运用的这种韵律汉语是“最好的中国文学语言”，并自觉向他们学习，后来成就了自己的文学创作。

昆明老诗人邹昆凌先生多次向我感叹，杨朔作为一个作家的语言修养，尤其是对汉语音略的直觉把握，他认为抛开文章的内容不谈，杨朔就是佼佼者。他随口背诵散文《海市》的开头：“我的故乡蓬莱是个偎山抱海的古城，城不大，风景却别致……”

他评论道：“就这么一堆汉字一摆放，叮叮咚咚节奏就能敲打人心，旋律之美和韵律氛围自在其间，让人一读，唇齿生香。”这是一位老诗人对一个大作家汉语天赋和声律修养的敏锐发现和私人致敬，也正好说明汉语诗意的感通，少不了汉语声教的途径。

另外，中学诗教的声教之途还有班歌、校歌的创作、演绎等，这些声教活动，大部分学校都可能想得到并且已经在推行了。总之，声教是诗教最容易打动人心的途径，这个途径除了语文学科中常见的吟咏、朗诵、歌唱外，还需要注意一点：声教可以先行，甚至可以长时间“一门深入”，但不能把声教途径单一固化，还需不忘其他如义教之途的统整辅助。如果从学科统整的角度说，还需要与音乐教师、音乐学科进行现实而合理的沟通与配合，如此，声教的统整之途才能作为一种创新的途径形式在诗教推广中进一步发挥作用。

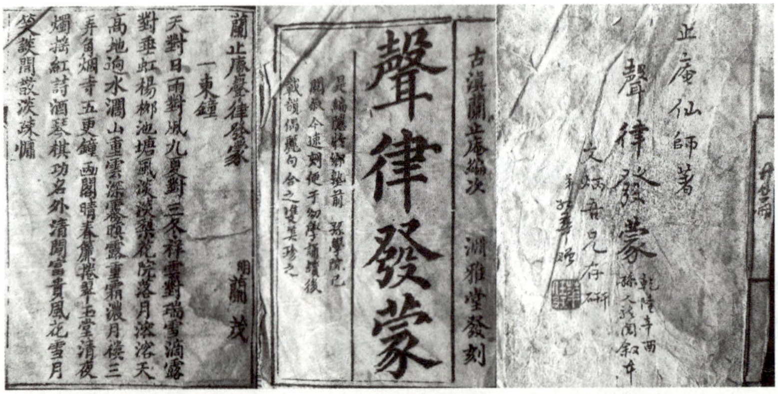

兰茂先生所著明代地方声教教材《声律发蒙》（本书作者私藏）

◎ 2.1 豪放与婉约——词的演变与风格

课本里的"宋词三首"，首先从哪里讲起呢？从大家非常熟悉的唐代杜牧的《清明》诗讲起吧！

清明时节雨纷纷，路上行人欲断魂。
借问酒家何处有？牧童遥指杏花村。

传说某一天，杜牧对皇帝说："我最近新作了一首诗。"皇帝说："是什么？"他就把这首《清明》换成另外一种格式了。什么格式？

清明时节雨，纷纷路上行人，欲断魂。
借问酒家何处？有牧童，遥指杏花村。

这样一来，大家突然发现这首诗有了另外的一种味道。这只是个传说，关于词的起源，肯定不是这个传说，而是另有起源。可是这个故事可以让我们窥见词的一些特点。这首很平整的诗，不改任何一个字，仅仅把它的断句改一下，就呈现出一种词的味道。所以有人说，词实际上是诗的一种变体。词还有另一个名字，叫"诗余"。这个"余"字，多余、剩余，诗余就是诗歌之后的诗歌，诗歌再发扬出来的某种意味叫"诗余"。有人说词无非就是长短句，因为有些音乐需要长吁短叹，在原有诗的整齐句子里边就得加入一些衬字，比如山歌唱完一句会来一个"咿呀嚯嘿"这类的嘘声衬字。包括今天的流行歌曲也会加一些尾音延宕等作修饰。有人认为，词首先出于一种歌的需要，加了衬音衬字，音调确定了之后，后来填写的人觉得，何必只要"咿呀嚯嘿"之类没有意思的声音呢，干脆直接加内容进去不更好吗？就成了词。这种说法有一定的道理。从诗慢慢地延伸加字之后，为了音乐节奏的需要，诞生了"诗余"，从长长短短的句式里，我们还得知道词的另外一个名称：长短句。词有两种说法，一种叫"诗余"，一种叫"长短句"。比如辛弃疾的词集就叫《稼轩长短句》。

还有一种说法，有人觉得杜牧的《清明》太“肥”了，给它“减肥”吧。为什么？因为“清明时节雨纷纷”，“清明”已经是时节了，还要说个“时节”，有点啰唆，“清明雨纷纷”就很清楚明了。“路上行人欲断魂”，既然是“行人”肯定在“路上”，加上“路上”等同废话，那么直接“行人欲断魂”。“借问酒家何处有”，你既然说“酒家何处有”了，肯定是在“问”了，所以“借问”就可以去掉。“牧童遥指杏花村”，何必一定要点出是谁“指”呢？你问，有人回答，“指”也是自然而然的了。这样一来，这首诗就“瘦身”了：

清明雨纷纷，行人欲断魂。酒家何处有，遥指杏花村。

通过这个故事可以发现，诗歌的长短肥瘦，这种外在的形态和人表达的情绪间有微妙的联系。所以词可以在诗的家国情怀之外，表达一种更幽微、更私人化的情绪，很多人就喜欢用这种长长短短的词句，来配合自己起起伏伏的心情，表达那些难以言传的微妙情绪感受，这就回到了词的真正起源上来了。

词到底起源于何处？学术界有相当大的争议。不过目前的研究，已经基本接近真相。第一个是前面讲的加入衬字，就是和民间的歌谣有关，所以有学者提出词起源于民间。起源于民间也确确实实被目前的考古资料所证实，但不能根本说明问题。有一点可能好多人没注意到，词的起源和佛教的传播有相当大的关系，这一点是已故的著名文化大师饶宗颐先生发现的。证据就是 1900 年间“敦煌曲子词”的发现。那些敦煌文书里有很多佛经，在那些佛经的背后有《菩萨蛮》等词牌，有各种长长短短、通俗易懂的曲子。从时间上来讲，词起源于隋唐五代。到北宋的时候，词就成为文学样式当中最为光辉的一种文学门类。因此我们说“唐诗”，相应会说“宋词”。

总而言之，在唐朝的时候，在律诗、绝句这些近体诗成熟之时，或者之后，词就陆续地出现了。如果我们再追溯准备期，可能会更早，这个是词的起源。

我们举个敦煌曲子词的例子，请看这首《菩萨蛮·枕前发尽千般愿》：

枕前发尽千般愿，要休且待青山烂。水面上秤锤浮，直待黄河彻底枯。

白日参辰现，北斗回南面。休即未能休，且待三更见日头。

这是一个女人用《菩萨蛮》来表达心志，写法很活泼。说自己和夫君两个人靠在枕头前，曾经发过很多誓愿，如果夫君以后想休我，除非青山烂掉，秤砣在水面上浮起来，黄河彻底枯水，大白天出现夜里才会出现的星星，北斗星回到南边；要休我，除非在半夜三更的时候看到太阳突然升起来……她所讲的这些全都是日常生活里面不可能出现的事情，用这些形象来表达自己死都不和夫君分离的坚贞。大胆泼辣，与一般文人那种文绉绉的雅致口吻完全不一样，有人间烟火味，情感表达比较贴切。文人纷纷向这类看起来耳目一新的民间曲子学习，久之，作为一种新文体的词就蔚为大观了。

在五代的时候出了一本《花间集》，内容上大多表达男女恋情，注重日常生活细节，情感细腻。

另一首《菩萨蛮·小山重叠金明灭》是温庭筠填的：

小山重叠金明灭，鬓云欲度香腮雪。懒起画蛾眉，弄妆梳洗迟。

照花前后镜，花面交相映。新帖绣罗襦，双双金鹧鸪。

这是一个女子早晨起来的样子。“小山重叠”，有人说这是指屏风，指屏风上面的山水重叠；也有人说小山是画眉的一种名称，叫“小山眉”，她画了眉，在额头上做装饰。“金明灭”，首饰光色或明或暗。“鬓云欲度香腮雪”，“鬓云”就是鬓边的发髻，好像云朵。作者的目光过渡到腮上，“香腮”是人的心理感受。“雪”是白，所以作者的感官是很灵敏的，关注点是很细腻的。“懒起画蛾眉，弄妆梳洗迟”，早晨起来懒洋洋地在那里画眉毛，左画右画，然后梳洗，左照右照，这个女子慵懒地沉浸在自己的青春和愁绪当中。“照花前后镜，花面交相映”，镜子旁边有花朵，照镜子的人与花在镜子里面交相辉映，争艳。“新帖绣罗襦，双双金鹧鸪”，穿的裙子上面装饰着

"金鹧鸪"。这首词很细节化，很生活化，表达生活当中的一些美好的瞬间。

在《人间词话》中，王国维先生多次赞美这个时代的两位大词人：一个叫李璟，南唐中主；一个叫李煜，南唐后主。李璟的词被戴望舒用《雨巷》这首现代诗演绎出来：

撑着油纸伞，独自
彷徨在悠长，悠长
又寂寥的雨巷，
我希望逢着
一个丁香一样的，
结着愁怨的姑娘
她是有
丁香一样的颜色
丁香一样的芬芳
丁香一样的忧愁
在雨中哀怨
哀怨又彷徨……

戴望舒的《雨巷》其实是将来自古典诗词所创造的迷离意境和格调加以"油纸伞"这类现代化的转化而已，因此还不是真正意义上的现代诗，是现代的古典诗。

最著名的词人，大家都耳熟能详的，大概就是南唐后主李煜了。他当皇帝不怎么样，但是填词来讲，真的可以称他是"词中帝王"。王国维先生对他极尽赞美之能事，说本来词是社会地位很低的伶工所作的，讲男女悲欢的一种小玩意儿，结果到了李煜手上，一下子就提升了格调，开始写家仇国恨。这种家仇国恨又用敏感的个体来承载表达，诗歌就具备了感人至深的力量，而且他又有非常活泼新鲜的细节表达，词就成为一种上得了士大夫艺术台面的大文体。到了北宋，词已经蔚然成风，一些很著名的人物都填词，大家熟悉的晏殊、欧阳修这些达官贵人、文人学士都填词，他们用词来表达一些在正统文章和诗歌里边不能表达的私人情绪，写得绵缠悱恻，十分动人。

柳永填词填得很好，打动人心。“凡有井水处都能歌永词”，当时人人争唱柳七郎的词。柳永不仅能写像前面举的《菩萨蛮》这样的小令，他还把词发展为慢词长调。虽然写得长，但描写细节都到位，是一种特别有表现力和表达力的新兴诗体。他的一些词格调并不高，李清照批评“词语尘下”。柳永也有《望海潮·东南形胜》这样磅礴大气之作，不过，他的风格整体上是婉约的。

从《花间集》开始，到柳永，包括晏殊、欧阳修这些人，就基本确定了词的这种书写小情绪、小格调的婉约风格倾向。

婉约本来应该是词的正宗风格，可是有的人就不一定这么想了。比如苏轼，他在 20 多岁时喜欢听人家唱柳永的词，这个青年的心中若有所思，他正在酝酿着一场词的革命。到了苏轼 40 多岁的时候，他纯粹家国天下的想法有所改变，尤其是从他被外放杭州以后，他突然开始大量填词了。他填词一开始还学着柳永、学着欧阳修，偏向婉约之风，不过他的性格中向来就有一种旷达之气。到他 47 岁时，王安石变法，“乌台诗狱”发生了，九死一生之后，他思想已经成熟，这时候他不需要去写公文策论，去安邦治国平天下，当他面对自己的时候，《水调歌头》《江城子》《念奴娇》这一系列词的千古绝唱差不多一下就蹦出来了。他在给一位朋友的书信里，还不忘把自己和柳七郎比较，这从一个侧面说明，在词上，柳永在他内心当中具有重要地位。以苏轼的才华和想法，在这个行当里，他也确实是想和柳永分庭抗礼的。尽管在他所有的作品中，填词的数量其实并不算很多，可是他就这么在词里“玩”一下，却具有相当大的“侵略性”——换句话说，也就是开创性或者说原创性。

相传有个故事，说苏轼作了词以后问那些歌女说：“你们唱我的词，我的词和柳永的词比怎么样?”那些歌女说：“你的词我们唱不了，柳词是唱杨柳岸晓风残月；你的词我们可唱不出来，不是那种味道，你应该让关西的大汉子敲着铜板，唱大江东去……”苏轼哈哈大笑。从这个故事中可知，苏轼的风格是和柳永的那种细腻婉约完全不一样的。几乎人间所有的题材，他都可以拿来成为词中题材，几乎诗里面能够表达的情感，他也都可以拿来在词里面表达。后人说他“以诗为词”，就是说他完全可以用作诗的方式来填词，这就改变了词的风格和发展走向，也在一定程度上，改变了词的性质。这样在艺术上具有“侵略性”的人，一“玩”，就独成一派，加上后来的辛弃疾，他们自立一派，即豪放派，后世对他的贡献简直不吝赞美。从此，词中的派别风格有婉约，也有豪放，构成了一对矛盾，影响千年。

这是苏轼在词上的独特贡献，这是文学史上的定论。我们这里先提起一个话头：我们赞扬苏轼、辛弃疾这些人，好像之前的词人都不怎么行，他们来了之后，词的格调一下子提升了，好像豪放就比婉约更好一样。

其实从文学的价值来讲，这种看法是需要清醒反思的，好比讲，壮美一定比优美好吗？“大漠孤烟直，长河落日圆”就一定赛过“细雨鱼儿出，微风燕子斜”和“宝帘闲挂小银钩”吗？

不一定！还是俗话说得好：文无第一。

你看在苏轼这里，他都没有底气直接否定以婉约风格著称的柳永，他为什么频频提柳永？说明他担心自己无法超过柳永在这个行当的影响。只不过，他是一位自觉要创造新风格的词坛大将罢了。

像欧阳修、范仲淹等这些大人物，他们写诗可以慷慨，一填词就会变得绵缠悱恻，当然他们高洁的人品，也会通过这些小曲渗透一二，和柳永他们整体上的那种格调毕竟有所不同。苏轼亦然，他以其高度的艺术修养，使词被士大夫承认、追捧，这一点怎么称赞都不过分。可是婉约和豪放是风格的不同，并非是评价词的好坏的标准，之后这个话题我们还要继续讨论：到底词该怎么样写？

其实到今天，也不一定只有一般文学史里有这种固定看法。我曾经怀疑过这种风格先天决定论的错误。我觉得比如辛弃疾的《永遇乐·京口北固亭怀古》，虽然说它很好，但也不能任意拔高，也许李煜的词能更深也更真地打动一个普通人的心。

当代有一位大文学家叫施蛰存，他就有明确的不同意这种风格先天决定论的看法。他认为苏东坡等人的“豪放”写法，实际上破坏了词本该有的东西。他认为词的正宗、词的“当行本色”应该是什么呢？应该就像《花间集》的写法和风格。《花间集》风格才属于词的典型和正统。他另外提出评价标准，选了两部集子，一部叫《宋花间集》，另一部叫《清花间集》。花间集，就是用花间词那样的一种标准，重新衡量词中的优秀之作和那些真正的大家的优秀之作，重新定选本。不像我们常规的宋词选本那样，把苏辛的这种“豪放”提高到压倒一切风格的高度。公平地说，豪放和婉约，在评价上应该是平起平坐的。

◎ | 2.2 词中圣手辛弃疾

辛弃疾的《永遇乐·京口北固亭怀古》用了很多典故，这些典故有两类：上半阕都是些英雄人物，是正面的；下半阕用的就有一些负面的意思了。这两重典故形成了一种对照：一个是英雄的气概，“金戈铁马”，也和自己年轻时候的气概相应；一个是“元嘉草草”这种虎头蛇尾的经验教训，和作者所要说的现实——韩侂胄即将北伐，准备草率的忧虑联系在一起了。因此最后他想到了“四十三年，望中犹记，烽火扬州路”。60多岁的他再次被起用，本来是要准备北伐，可是他看到了危机，填了这样的一首词以抒发胸臆。可以这么讲，辛弃疾的爱国，不是一般人嘴上喊喊的那种爱国，不光是一种立场和修辞。因为对他来说，爱国就是爱家，他家在山东，山东已经沦陷，为了要收复失地，他才从家乡跑到江南来做官。少年时代，他在金人治下生活。20多岁时造反、起兵，带领一些兄弟去打仗，投奔当时抗金将领耿京，跟他一起从事抗金活动。

后来耿京派他设法从敌占区或者说沦陷区跑出来，和南宋朝廷取得联系。因此他就带着一些兄弟突出重围，投奔南宋朝廷。他一心想要收复失地，后来他返回沦陷区，发现耿京已经被他手下一个叫张安国的人杀了。张安国叛变，杀了耿京还带着人逃了，投降了金人。辛弃疾非常愤怒，他带了 50 个人连夜冲进金营，一番拼杀，硬把这个人活捉回来。这是多么有胆略、有手段！因此我们说他是真英雄，他所写的英雄气概等不是诗里夸张虚构的修辞，是他真的经历过，所以他本身就是一个很有传奇色彩的英雄人物。

他后来到了江南以后，就一心谋划收复失地的事情。因为他在沦陷区生活过很长时间，他知道金人的虚实，觉得这事是可以做成的，就写了《美芹十论》之类的军事著作，上书朝廷，建议如何行事。山川地形，金人的典章制度，他们有哪些优点弱点，他是清清楚楚的，况且也打了几次胜仗。“烽火扬州路”就是他们的胜仗之一。他把金人打了一番之后，就投奔了南宋朝廷，这是他少年征战的得意之笔。这个典故，等于就是他自己的经历配合上别人的故事。可是如今回首，“佛狸祠下，一片神鸦社鼓”，谁来问问廉颇老了吗？还能吃饭吗？有谁会来问？这里边既有期许又有焦虑，还有不平和义愤，情感太复杂了。辛弃疾是一个人成就了一种风格体裁，我们称为“稼轩体”。这是一个大人物，就像李杜在诗中的地位一样，他在词中是一个“庞然大物”。辛弃疾的词风豪放，又并非是像《水浒传》中李逵砍杀那样的粗放。凡大词人、大艺术家，会有多种风格，他可以写大东西，也可以描小细节，他可以表现英雄的金戈铁马，也能够道尽普通的儿女情长。所以辛弃疾如果写男女性情，写那种小情小调，照样写得生动有趣，绵长悱恻、含蓄隽永之处，不亚于柳永，不亚于晏殊；他写豪壮的情怀可以和苏轼抗衡。因此有人说辛弃疾是词中的“第一圣手”，他的拥趸甚至这样说他：“大声鞺鞳，小声铿鍧，横绝六合，扫空万古，自有苍生以来所无……”就是说自从人间有人以来，还没有哪一个人能凭一己之力把词提升到这样一种气象万千的境界，通俗讲就是词中第一的程度。词中豪放，苏辛并称，但辛弃疾和苏轼还有不同之处。苏轼是偶尔填词，词的数量不多；辛弃疾不一样，他就一生填词，一生都在词的创作上努力耕耘探索，于是他把写文章写诗的各种办法，都放到了词里边来表现、来实验。他继承着苏轼开创的豪放派词风，把词的写法、题材、境界作进一步的推进革新，他似乎无所不能，几乎诗文当中能够表现的一切情感，他都能在词里换一种形式艺术地表现出来。这就是辛弃疾作为一代词宗的伟大的贡献。他生命力极强，创造力极强，风格多变，一首和一首不一样，而且一首首词又确确实实诗意饱满！《青玉案·元夕》即是一首十分漂亮的词："东风夜放花千树，更吹落、星如雨。"什么叫"东风夜放花千树"？它是一个审美直观的幻觉。宋朝时候的灯节，元夕时候特有的场景给人的直观印象，仿佛夜里东风瞬间吹放了万千五彩缤纷的花树。"宝马雕车"，这个"宝马"不是我们今天的"宝马"，而是真的"宝马"，宝贝的马和车，马上面饰以金鞍，车身上加上各种彩绘，那就是富贵人家的派头。"香满路"，到处都是节日的喜庆、节日的味道。"凤箫声动，玉壶光转，一夜鱼龙舞。"有声音，有色彩，"光转"，"一夜鱼龙舞"，十分流畅。"蛾儿雪柳黄金缕"，"蛾儿""雪柳""黄金缕"都是女子的头饰装扮，形容女子们打扮得十分高贵漂亮。"笑语盈盈暗香去"，她们说着笑着观赏着，热热闹闹，一群一群地去了，当她们走了之后，暗暗的，身上的那种似有似无的、幽幽的"暗香"袭来……很细腻啊！这个时候，我要寻找我心仪的那一位，所以我就在人群里边，这里看，那里看，到处在找，"众里寻它千百度"，找不到我想看的那个人。结果不经意地回头，"蓦然回首，那人却在，灯火阑珊处"，发现我要找的那个人正在灯光黯淡消歇的角落，她和这些往热闹地方奔驰的人不一样，仿佛有一个美人，独自与众不同。她不在热闹处，而在寂寞处，在大家都想不到的，灯火昏暗的地方。这种境界太高了。这种美人遗世般的大孤独、大寂寞，写出了作家的一种胸襟和气概、气度。因此王国维先生才说，古往今来，要成大成就、大事业的人，一定会经历三重境界，而这，就是最后一重境界。这首词写得如此漂亮，真是"非大手笔不能为也"。写到了人对人生的这种体验深度，表达十分到位、十分精彩，很少有人能如此透彻明白、毫不费力地自然道出这种大境界来。

他有的词也写得很浅显，用字浅显，可是情感深挚，体验深沉：

少年不识愁滋味，爱上层楼。爱上层楼，为赋新词强说愁。

而今识尽愁滋味，欲说还休。欲说还休，却道天凉好个秋。

多简单，可是多么深邃！你只有有很深的人生体验之后，才能更容易体验到“却道天凉好个秋”这样的一种情绪境界。写得很轻松，但轻松不是随性、随意、随便，而是达到了孔子讲的“随心所欲不逾矩”的高度。

再来看这一首和《永遇乐·京口北固亭怀古》齐名的《水龙吟·登建康赏心亭》：

楚天千里清秋，水随天去秋无际。遥岑远目，献愁供恨，玉簪螺髻。落日楼头，断鸿声里，江南游子。把吴钩看了，栏杆拍遍，无人会，登临意。

休说鲈鱼堪脍，尽西风，季鹰归未？求田问舍，怕应羞见，刘郎才气。可惜流年，忧愁风雨，树犹如此！倩何人唤取，红巾翠袖，揾英雄泪？

又如这首《西江月·遣兴》：

醉里且贪欢笑，要愁那得工夫。近来始觉古人书，信著全无是处。

昨夜松边醉倒，问松我醉何如？只疑松动要来扶。以手推松曰去！

愁里喝酒，喝醉了，“醉里且贪欢笑”，借酒浇愁，还真的越喝越高兴，“欢笑”，让人着迷，让人忘了哀愁，所以“贪”恋这份醉中的欢乐，贪就贪吧。“要愁那得工夫”，他本来就是愁，现在说我可没工夫去愁，我太高兴了，喝酒，这个欢乐太让人上瘾了，要愁，没有间隙、没有工夫去愁。“近来始觉古人书，信著全无是处”，我开始感觉到古人的书，你要是相信了，一点好处都没有，古来圣贤皆寂寞，别信他们。好像把古人一竿子打倒，等于是一个醉话，也可以说是一种反话。“昨夜松边醉倒”，昨天晚上我又一次喝醉了，醉倒在哪儿？醉倒在松树底下，一个人喃喃自语，对着松树呱啦呱啦说话，对松树说：“老兄，你觉得我醉起来这个样子怎么样？你是不是笑我呢？我像个醉鬼一样，我就是醉鬼，怎么了？”然后这时候正在说着，风吹松树，“只疑松动要来扶”，我只怀疑松树动了，是想要来扶起我。“老松树兄，你想来扶我，不要你扶，我就做醉鬼了，你去做你的正直的松，我就做我的不成器的醉鬼。”“以手推松曰去！”推开松树，大声对松树说：“你走开！”把醉态刻画得淋漓尽致，写得十分轻松，但是意趣盎然。不只是好玩而已，好玩的背后，还有更沉痛、更沉重的意识，大手笔！

《鹧鸪天·有客慨然谈功名因追念少年时事戏作》

壮岁旌旗拥万夫，锦襜突骑渡江初。燕兵夜娖银胡䩮，汉箭朝飞金仆姑。

追往事，叹今吾，春风不染白髭须。却将万字平戎策，换得东家种树书。

“壮岁旌旗拥万夫”，这是英雄，很多人以为他这是修辞，其实不是修辞，而是真的，这些“锦襜突骑渡江初”都是真的。“追往事，叹今吾，春风不染白髭须”，最后两句感叹：“却将万字平戎策。换得东家种树书。”我努力了半天，只把我年少时候，上万字文稿，怎么扫平敌军的这种策略，换来种树的书，这是真话。

再来看他写景，也可以写得很好：

《生查子·独游雨岩》

溪边照影行，天在清溪底。天上有行云，人在行云里。

高歌谁和余，空谷清音起。非鬼亦非仙，一曲桃花水。

孤独的人到了一个很好的地方，“溪边照影行”，明白如话，“天在清溪底”，天在水里边，“天上有行云，人在行云里”，写得自然，画面多好！“高歌谁和余”，那么我高歌一曲，谁来相和？突然听到了空谷当中有一个声音跟着起来了，而且这个声音很清澈，很不同。“空谷清音起”，是谁和我？是鬼和吗？还是神仙和？有点凄清，有点害怕，细细一听，“非鬼亦非仙”，不是鬼和，也不是神仙和，我告诉你什么和。“一曲桃花水”，是流水桃花在那里流淌，和着我的高歌，意气盎然、表达曲折，有一种难得的，好像不是人间的清雅，我们能够感觉到一个人出离俗世的大孤独。写景好，景里边当然是景语，同时又包含着情感的维度，是情语，了不起！

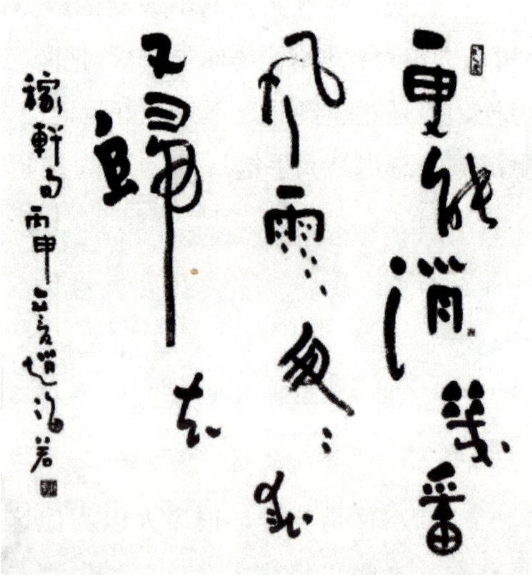

书法家赵海若先生书辛弃疾“更能消几番风雨，匆匆春又归去”句

◎ | 2.3 当行本色李清照

我们讲完了苏轼，讲完了辛弃疾——实际上也不是讲完，只是用他们的代表作做个例子分析一下，树立豪放词的一个印象。现在我们要进入一个女子——李清照的诗词世界。

说起李清照，不得不提到《声声慢·寻寻觅觅》，在进入这首词之前，姑且听我聊一聊吧。我对词的研究不多，尽管我也填过一些小词，但是说实话，我下的功夫不够，很多词人的词，没有老老实实，一本一本认认真真地读过。唯独有一个词人，我是把她的词全部研究过一遍的，就是李清照。

我是在高中时候读的李清照，读她的时候，还是受了流行论调的影响，就是先入为主地认为以苏轼和辛弃疾为代表的豪放派当然比以李清照为代表的婉约派更伟大，很多文学史，有意无意地，好像也这么暗示。到我真正面对他们一首一首具体的词的时候，我读苏辛，感觉很难真正进入，那种所谓的伟大不是我自己感觉到的。也有一种可能，就是当时的我审美上还很稚嫩，确实感受不出来，我就只好跟着人家讲伟大。我不敢轻易就说他们的词不好。而李清照的词，是作为潜意识里觉得不那么伟大，偶尔闯进视野，不知不觉就看起来的这样一个状态。结果，我全部看完了，在高考结束之后，大概个把月的时间里，我就只读了一部李清照词的全集。说是全集，本身词的数量也不是很多，看了注释，得空再反反复复诵读她那些词，当时记忆力很好，不知不觉间，大部分可以背得。而今因为 20 多年不碰，也忘了。待到备课，我再次拿起李清照的词集，随便翻的时候，从第一页翻开，一下子又放不下手了，不知不觉我就看到凌晨一点钟。她的词很容易就入境了。

另外，李清照的词，我在高中时，一读，就有一种强烈的对应感——我讲不出这是什么原因，就是你完全能读懂她在写什么，而且你又能够体会到她的那种好，那种耐人咀嚼回味又难以言传的美感。后来上大学，我就把我高中省吃俭用攒下来的上百本书带到了宿舍。结果，灾难来了，我们宿舍意外失火，我的书几乎都损毁了。李清照的词集是被烧着的一本，整本书没大碍，不过把封皮烧得黑漆漆的，很难看。损坏的书被丢到操场上，在大家很慌乱的情况之下，我走到那堆书旁，一眼就看到这部《李清照词全集》，我打开，一下子就看到讲金石录序的那篇文章，讲的就是她和她的丈夫赵明诚，搜集很多的文物古迹，在离乱的时候，一点一点丢了，那种心痛。在那个场景，读到这篇文章，我突然就很能够体会她的那种心态，悲哀中也就有些释然。前几年到山东，去李清照纪念馆参观，看到有这个书卖，我又买了一本回来。这是我和李清照及其词作的一个缘分。

我虽然读李清照有一种强烈的审美感应，可是我还不敢公开说李清照的词是所有词人中最好的。后来我读到了李清照《词论》一文，在这篇文章中，李清照居然敢把所有的那些著名词家批评个遍，连苏东坡都不放在眼里，这是文学史上著名的公案。怎么看待这个问题呢？文学史上还有很多评论家提起来，基本都是在嘲笑她，说她蚍蜉撼大树，可笑不自量！

我自己也做文学，也一直阅读，有了更多生活和审美的经历之后，慢慢地，就在这个地方发现了一个大秘密、大问题，我今天对她的认识，当然和过去，和流俗评论，就有所不同了。这就是今天我讲这首词的时候，如此谦卑敬畏，小心翼翼。我努力着，试图要更新人们的观念：一是不能仅从豪放婉约的风格，来评价一个人词作水平的高低。二是喜欢是一种情感和审美倾向，有可能还是一种不客观的个人偏向。你不能说你喜欢这个人，这个人的一切就都伟大。我们就词说词，加以比较，你个人偏好可能更喜欢苏轼一点，但是你不能说你喜欢这个人，他的水平就一定比李清照高；或者说因为苏轼写了《赤壁怀古》这样的大气磅礴的作品，你就觉得他比李清照《声声慢》的小情绪在文学上地位要更高，这都不是充足理由。你要看，他们写的对象，就表现对象本身，有没有达到后来的人再也没办法超越的像天才那样的一种层次，来比这个关键。

书归正传，刚才说李清照连苏轼都看不起。

我们来比一比，《声声慢》怎么和苏辛的金戈铁马、英雄人物的那种豪放的气质比呢？再细细阅读品味，看看这首词有没有非常天才的地方？有哪些地方是别人写不出来，包括苏辛都写不出来的，有没有这种了不起的东西？能不能找到她在《词论》中如此狂傲的理由、理据？

有人说“音乐和谐”，怎么个和谐法？词，好像读起来都会比较和谐。

“第一句好！”好在哪？“七组叠词，叠词用得多，音韵和谐，使词语步步逼近……”怎么个逼近?“将寂寞之感渲染到了极致。”这首词写寂寞，“开头渲染的效果就达到了极致，令人回味无穷。酒和烟的出现，暗示全词的忧愁的感情基调，酒就让人感觉到举杯消愁愁更愁……”

但是词里边却说不能消，她怎么说酒不能消愁的呢?“怎敌他、晚来风急”，晚来风急就使人愁，淡酒的酒味不够浓，醉不了，所以淡酒抵不了愁浓。因此所谓举杯消愁，而这里真是愁更愁……这句子的神就是这里边的“三杯两盏淡酒，怎敌他、晚来风急”。

“满地黄花堆积，憔悴损，如今有谁堪摘?”她回忆两个人守着窗儿，“独自怎生得黑”，都在回忆，现在只有一个人，所以悲从中来，梧桐和细雨的出现突出了词人的绝望和无助，忧愁更加深……

“用比较口语化的方式来写词……”哪些口语化?比如“三杯两盏淡酒”，真的是口语;“守着窗儿”，真的是口语!说起来不费力，她是随便写的吗?

注意，词有词谱，我们讲依声填词，它的格律比诗还要严格。诗只需要平仄，词还要注意五声七律，在平仄之间，还要注意细微的、声调的区分等，这样就很复杂，看起来不过是口语，而实际上是经过非常认真的选择的，这又是一个不得了的地方。直接从环境描写渲染起，婉转细腻的情感在其间间接暗示。通俗易懂，最简单的语言，直达内心。

通俗易懂，似乎白居易这些诗人也做得很好，甚至我们很多人，似乎都可以做到，不过大多人的是“庸俗易懂”而已。用最简单的语言，通俗易懂，似乎不难。我们很多人的语言也很简单，但是和李清照词中的通俗易懂，简单语言表达内心想法还是有质的区别。

“乍暖还寒时候，最难将息”，这一句，是乍暖还寒时候的天气，让人感到了落差之冷。“乍暖”刚刚暖和一下，“还寒”，这种落差能给人的身体十分具体的敏感。这个时候睡不着，确实冷，睡不着，再喝点酒暖暖身，暖和一下，可是这个酒味不够浓，不够过瘾，不能够驱寒，也不能够把愁绪驱赶开，那就说明愁绪太多了。

“第一句的用词重重叠叠，渲染气氛，读来回环往复……很口语化。让人感觉很亲近。”

辛弃疾好用典故的《永遇乐》写得好吗？好，好到我们不读书不看注解就读不懂，让你望而生畏，这个是大家，了不起！这就是我讲我小时候人家都说苏辛好，我不敢说他们不好，可是我又体会不到的原因。难以亲近，我知道他们完全超越我们普通人，高高在上。李清照不一样，这些字、这些话、这些场景，全是我们普通人知道的，任何人都知道。其实，那就更难了。如果用那种不熟悉的材料，你比较容易认出哪个是高手；如果和你一样讲话，和你一样用题材，表面处处和你一样，我们很容易会轻看。容易得到的东西，人们就会轻视。“莫将容易得，便作等闲看。”

“最后——“怎一个愁字了得”——看似只用愁字草草结尾，戛然而止，但实际上已经将愁表现得淋漓尽致，有一种欲说还休的意思……”

注意到这个结尾，有意思，独到的发现。现在我要说的是，还可以再往前走一步。不过往前走一步的这些地方，需要用到禅的思维：“言语道断，心行处灭”。这里得先提个话头，中国古代有不少诗人和评论家认为“诗”和“禅”在灵性上相通，有某种亲缘关系。南宋严羽的《沧浪诗话》就是以禅说诗的典范。明代云南诗人唐泰，也即后来以“诗、书、画三绝”出名的诗僧担当也说：“千古诗中若无禅，雅颂无言国风死！”即使是《诗经》里的“风雅颂”，好的诗必然与禅的灵性相合。所以他得意地宣称：“唯我创知风即禅，今为绝代剖其传，禅而无禅便是诗，诗而无诗禅俨然。”用文字，又破除文字的执着与迷信，就是禅的“不立文字”，也即这里所说的“言语道断”。

词，当然离不开语言，它就是要用语言来说的，或者说它本身就是语言。而李清照，已经写到“这次第，怎一个愁字了得？”明明她就在写愁，最后她说，这种情形，哪是一个“愁”字——用这种语言就能表达得出来的？等于用最笨的办法告诉你，说我要用语言写愁，写到最后她又说，我写不了愁，我虽然用了语言，但这个语言在根本上表达不了我要表达的意思，语言有先天局限，而我的意思超越了语言本身能够具有的功能。

她明明已经在用语言表达了，而最后一句，又把这个作为沟通桥梁的语言本身，彻底否定掉！

我们已经来到了语言的桥旁，突然之间桥梁被撤掉了，这一下我们惘然若失，转身，像“洞穴中的囚徒”一样转身，蠲去文字、回归情感，言语已经没法表达了，所有的语言已经不重要，这就是“欲说还休”，用语言超越语言。

很明显，从哲学层次来讲，从她的表达来讲，这都是最高层次的。李清照说，我说了半天的愁，实际上我告诉你：我没有说愁。你要问我说什么，我没有说愁，哪是“一个愁字了得”的？要“了得”的话就不用说了。多微妙！从这里，可以去领会这首词的伟大之处。

“愁字说不尽，又不说除了愁以外的情感……”对！这也和庄子“得意忘言”的思想相通，也就是老子《道德经》开篇讲“道可道，非常道”的言说智慧。大作家莫言，有一位大师送了他一幅字，叫“莫言说尽”，他就赞叹大师这个内容很有智慧。

这几个汉字组合起来，真的太有意思了！一种理解是褒扬说：一个叫莫言的作家，已经把该说的东西说到极致了——莫言说尽；另一种是警诫提醒的含义——有些东西，别把它说得太过、说得太多，要留白——莫言说尽。“怎一个愁字了得”，相当于“莫言说尽”这个词的一种“道可道，非常道”悖论的双重智慧的奇妙统一。

现在我们回头来探究一下这首词的开头。除了文字的意思，还要注意汉语发声，声韵里可能藏着的韵味。

“寻寻觅觅”，什么叫“寻”？寻就是找。什么东西没在了，找找吧，这是一个动作。你找了之后过来告诉我：没找到！我说你仔细找找，你看会不会藏在哪个角落里，再仔细找找——寻寻。“寻”是找，“觅”是仔细搜，寻觅，寻寻觅觅，就是先找找，再各个角落细细地搜搜，这有递进关系。搜到了吗？没有。何以知道没有？因为已经确定：确实是没有！这时候抬起头来叹一口气，非常理性、非常冷静，绝对没有！一阵冷风吹过来，人的意识才从找东西这个事情状态当中出离，出离之后就有心意去关注其他事情了。风吹过来，因为找不到这个东西，一个人，没有那种温暖的氛围感觉，风一吹过来，感觉到“冷冷清清”。

“冷冷清清”和“热热闹闹”相反相对，我们知道她找的不是一件东西，是形成人生中温暖和热热闹闹的那种氛围的因素。可能是“丈夫不在”，可能是曾经的欢乐已经难寻，一个人，就想为什么别人热热闹闹，我冷冷清清呢？好凄凉。这就由现实中找不到某物的空洞，转到了自己的内心，茫然、恍惚、失神，体验感觉到一阵凄凉——“凄凄”。“凄凄”不过是一种顾影自怜，“凄凄”的这种凄凉感有可能是自己的性格及各种问题导致的。可是“凄凄”还不是“惨”，有些事情是真惨，想一想就不光是凄凉了。为什么这么大的一个悲剧，如此不好的情况，就落到我一个人身上？真是太惨了，真是对我太不公平了，这时候感觉到十分的“惨”。由“凄”而“惨”，那种伤心的程度、情感的浓度、用字的重度……进一步强化或加重了！想到如此之“惨”的时候，疼痛难受，人的身体是什么反应呢？身体内部，肠胃都不舒服、痉挛了！“九曲回肠”，“惨”烈来临，疼痛起来的时候，感觉到心脏的跳动急迫，肠子好像会扯得疼，受到过巨大情感冲击的人就会有这种感受。疼痛是什么？疼痛就是一次一次、一阵一阵袭击你的那种痉挛。那种生理痉挛的疼痛，就好像这几个字读音的感觉暗示——“戚戚”！这时候脸上的悲伤已经很明显，心里边的疼痛感也很明显，那就由内到外都是疼痛了。

李清照为什么要这样写？居然可以一开头什么都不写，而是连续按下这么多叠字——真正会写的内行看到了，不得不服，这个真不得了，况且这几个字的发音是这么好听，读起来，曲曲折折的音韵回旋之外，顺手就把要表达的幽微情感给收拾得妥当贴切了，这是多高的语言功力呀！所以当时人就惊讶了，因为这个开头，有人给她一个非常著名的评价："公孙大娘舞剑手"。

"除了这里的叠字外，还有'点点滴滴'这个叠字，细雨点点滴滴连绵不断，好像是词人的愁苦无穷，与前面七组词写的愁相照应。"

怎么个照应？首先是声音上的照应，前面仿佛是乌云在空中盘旋一样，到"点点滴滴"，就凝聚了往下走，这是一个情感的逻辑。其次"点点滴滴"是写雨，细雨一滴一滴，让人联想到什么？"这次第，怎一个愁字了得！"不是一个愁字能讲清的，那么就不说话了，就一个人站在那里，且听且看，细雨"点点滴滴"。

眼泪也是"点点滴滴"，所以此处背后已有眼泪，只是她没写。那么"点点滴滴"，从声音一下子就可以让人联想到好多地方。在这一点上，这首词连绵不绝的重叠词的妙用，真能够给我们奇特微妙的感受。

先是愁思，愁思完了之后，愁到了"寻寻觅觅"一直到"惨惨戚戚"，到这里一直没写眼泪，眼泪在哪？肯定要掉落的，不能只听到雷声、只看到乌云密布，而没有雨，这个肯定不符合常规情理的逻辑，到一定程度，雨下来是必然的。已经写了下雨前的若干东西，不写雨，我们也知道雨滴是必然要滴落的，所以到这里，把情感线索隐掉，"到黄昏、点点滴滴"，雨是滴下来了，而把情感否定掉，没法用语言说了，"这次第，怎一个愁字了得"。这样的话，就把明的"雨点"和暗的"泪滴"两者巧妙合到了一起。

愁绪不是每个人都有吗？但是好像说白话一样，就把人人心中有、个个笔下无的情感说到这种程度，这可不是随便做得到的，因此这是第一大手笔。

再比如"守着窗儿，独自怎生得黑"。这句话有点怪，是在说些什么？而且这个"黑"是押韵的字，读过这么多的诗词，你见过谁用"黑"字来押韵吗？弄险高手，正所谓"险韵诗成"，有的人在这个地方也很佩服她，说难有第二个人再用"黑"字来押韵，真是独一无二。

她在表达具体的愁绪的时候，选择的这些词和用的这些口语看起来是随便来的，可是没有一个字不合音律——这是高手当中的高手。看着是人人都知道的俗字俗话，而放到里边却调整得如此贴切，这是要比苏辛用书面语、用隔着我们俗世生活一层的那种话语方式，要更难、也更高出一筹的手腕。

更令人惊讶的是，读这首词，你感觉不到什么学问——其实李清照是很有学问的，她在这里不需要表现学问，只需要对具体现象体验的细腻、真实和深刻程度，加上表述的从容，表达的贴切，这就无人能比，因此她可以说是写词这个行当里面的“当行本色”!

还有，“怎”字用了很多次，“怎生得黑”“怎一个愁字了得”。在诗词里边一般特别忌讳重复。但是大作家可不管这些规矩，越是一般人做不到的腾挪躲闪，一般人不敢弄的技巧，人家高手越是用起来轻轻松松。她不避俗字，包括押韵，造成一种回环往复的氛围。

什么叫“独自怎生得黑?”一个人守着窗儿，独自一个人怎么办？“得黑”，换句话说熬到天黑，可是她不说熬到天黑，而是说“得”到“黑”，得到天的“黑”，太微妙，太耐咀嚼了。辗转反侧，看窗外的雨滴和梧桐，在黄昏，独自一人坐在窗边到天黑，再到无眠，是一步步递进的愁思和孤独。

有人注意到用现代普通话读起来，有点不押韵，不好听，为什么？这里有古入声字，部分保留在我们的方言音里。如果用方言来读，会发现它每一个字都是很重的仄声韵，比如说“儿”“黑”“滴”“得”等这些都是很重的仄声字仄声韵。因此，这里每一个字都非常微妙，无论是声音、形态、感觉。整首词一气贯注，流转自然，腾挪躲闪，好像一个武林高手一样，平淡平常，又无处不见功夫。

当然，她的好词是太多了。别人写诗填词，所谓的好只不过是能够做到我们常讲的一个画面感，我觉得她不仅仅如此，她是镜头感加上现场感，让你感觉到你就在里边生活、悲欢，那种细微的感受、细微的灵韵都在，这真是一个大天才。

少女时代就展现傲人天赋的李清照，在经过家国离乱之后，“天以百凶成一词人”，词作工夫炉火纯青，这首《声声慢》是她词作高水准的一个代表、一个证明。

我们再拓展来看一看她的另外一些词作。这首给她获得很多名声的晚年佳作《永遇乐·落日熔金》：

落日熔金，暮云合璧，人在何处？染柳烟浓，吹梅笛怨，春意知几许。元宵佳节，融和天气，次第岂无风雨。来相召、香车宝马，谢他酒朋诗侣。

中州盛日，闺门多暇，记得偏重三五。铺翠冠儿，捻金雪柳，簇带争济楚。如今憔悴，风鬟霜鬓，怕见夜间出去。不如向、帘儿底下，听人笑语。

“落日熔金，暮云合璧，人在何处？”落日就好像金熔在一起，观察要多仔细才能够写出来。“暮云合璧”，天上的晚云一块一块在一起，就好像碧玉一般，颜色比较深。“暮云合璧，人在何处？”那人在何处？再次和《声声慢》同感了。“染柳烟浓，吹梅笛怨，春意知几许”，春天的意味到底感受到多少了呢？“元宵佳节，融和天气，次第岂无风雨”，元宵节到了，人家说天气好，到春天了，但是我不想去，为什么？难道会没有风雨吗？很害怕，不想去，就要找很多的理由来说“来相召、香车宝马、谢他酒朋诗侣”，人家“香车宝马”来相召，走，出去不？“酒朋诗侣”，我都不出去，为什么？很奇怪吧？没有理由的地方，情感的表现才更力透纸背。后边写“中州盛日”，当年中州就是中原地带，没南渡的时候，繁盛的时候，“闺门多暇”，在里边的女孩子们，“铺翠冠儿”，穿戴得整整齐齐，打扮得漂漂亮亮的，而如今是什么？“如今憔悴，风鬟霜鬓”，怕见人。“怕见夜间出去”，夜间都不想出去了。“不如向、帘儿底下，听人笑语”，不如就躺在窗边听人家说说笑笑吧，不想出去，怕被人看到……是不是写得太好了？

最后我们看一看她的《词论》，这是一个著名的公案。李清照为什么不认同苏轼的词？

“五代干戈……斯文道熄”，就是文章之道不行，“独江南李氏君臣尚文雅”，就是前面讲的南唐中主李璟、后主李煜这些人喜欢文雅，所以他们有“小楼吹彻玉笙寒”“吹皱一池春水”这些名句词作。李璟、李煜他们的名句都非常好，语句虽然奇特，却有一种亡国情调在里面，就是过于伤感，“亡国之音哀以思”。如果只是伤感，没有生意，这个诗词也不好。李白、杜甫，包括李清照，虽然写哀愁，但内在是多么有力量，多么有表现力！再看“逮至本朝”，就是宋朝了，“涵养百年”，这个时候柳永出来了，他在音乐上做得非常好，获得大名声，可是有一些不好的地方，哪里不好呢？用词有的时候不避俚俗，不是通俗，有的是庸俗，甚至于一些词题材狭窄，格调比较低，带有一点风尘之味“词语尘下”。

又有张子野等人。张先，字子野。他写影子最有名，比如“云破月来花弄影”，又被称为“张三影”。这些大词家，诗词中会出现一两句非常不得了的名句妙语。但是在李清照看来，有句无篇，虽然有一两句妙语，破破碎碎不足以成名家。而到了欧阳修、苏轼这些人，才华大、本事大、人格高，学际天人，才如大海。不过如果要让他们作小词的话，好比让他们把大海一般的才华用到小技艺上，牛刀杀鸡，怎么看怎么不顺。硬要作，只能够用瓢到大海里面舀一点点水，瓢里边的水是表现不出大海的大的。她赞扬了这些人，承认这些人才华大，可是大才让他来小用，在这个小词里边那就没办法施展了。因此他们写诗填词，就好比把“清明时节雨纷纷”那样的诗句经过裁短压缩等办法处理后，变成一个长短句的诗而已，往往不一定符合词里边所要求的那种内在和谐。表面上可以读得通，但是行家里手来看，功夫的细微处、深处就做得不到位，就“不知声”。为什么？因为诗只是分平仄，而歌词“分五音，又分五声，又分六律，又分清浊”，这些大才人，哪里有精力有闲情在这些细微的地方琢磨呢？那是要花工夫的，所以他们对这个行当来说就不精致、不专业。《玉楼春》这些词调可以押平声，又可以押仄声，而王安石、曾巩这些人，可以写出像西汉时代的那种大文章，但是要是偶尔作小歌词，李清照说是读不成的。“乃知词别是一家，知之者少”。这个地方值得玩味。严羽说“诗有别裁，非关学也”，李清照也说

"词别是一家"。因为词需要有更专业更幽微的功夫，而不是不加训练就可以作出来的。"知之者少"，真懂的人不多，大部分人只是玩个热闹，真正看门道的人少。后来的晏殊、黄庭坚都是大词家，他们在音韵上能够知道一点，而黄庭坚喜欢用典故，又有很多的毛病，好像良玉上面有斑点，价值减半。李清照不但不认同苏轼，古往今来没她看得上的，几乎每一个稍有点名声的词人都被她这样不客气地评点了一番，口气很狂很傲。

为什么这样？以前我不知道原因。经过多年的思考，现在我觉得，她确实有这种资本。细细地去分析她的词，会发现相当耐读，经得起推敲，确确实实，每一个细节、每一个词语写得都非常到位。关键是她还写得很轻松，似乎都是随口来，接近口语，这就不得了。

李清照、辛弃疾、苏轼在细腻程度或者对描述一个东西的能力上，谁更强？实际上，即使不能说李清照超过他们，起码也和他们是同样档次的。这一点，古人早就发现了。在中国古代，文化偏见让女子很难进入正式场合，女词人、女诗人就很少，而《宋词三百首》里边选了很多李清照的作品，这是不得了的。严羽讲过的命题，叫作"诗有别裁，非关学也"，就是说诗歌创作的才华和我们一般写文章、做学问的才华不一样。有的人才能大，读书多，但是未必写得出诗来。所以诗歌要用另外的思维、另外的办法去对待，这就叫作"诗有别裁"。很多人读诗的时候是用学知识的态度，是用研究数学的那种方法来研究诗歌，那是很错误的。希望大家尝试着在诗的教育之下，改变自己的思维方式，去激活自己没有觉醒的一种叫"诗性"的东西。其实每个人生来就是诗人，你只需要把失去的那种天赋找回来，重新唤醒就可以了。

◎ 2.4 同气互相吹一吹

"岸花飞送客，樯燕语留人——真好！岸花这两句不能不写，没有人送我，岸花送我；没有人留我，燕子留我——写得真好啊！"

桐城口音，一个古拙苍老的声音，正陶醉在自己的拖腔吟咏中，吟着唱着，清水缓缓流泻，突然停下，那些好句子，仿佛流水遇到了嫩水草，止不住要抚弄一番，叹赏完了，再继续前行……

我在说的，是吴进仁先生。

这是我第二次听到这个声音。几位吴先生的景仰者，非常有心，若干年前就多次拜访，请先生示范他儿时熟习的桐城古诗文吟咏法，几番整理，留下了这些音频文件。在用歌唱般的调子吟完几十首古诗后，当时年届九旬的吴先生还作了另一个示范：用极快的速度，把《郑伯克段于鄢》《滕王阁序》《马说》等名篇段落一气诵完。从前知道曾国藩提倡读古文的所谓“密咏恬吟”，此时有了更精微的领会。多想跟先生谈谈，可惜机会不可复得，我便又想起与先生见面的情景。

那天下午，我在云大东二院教工宿舍与吴先生的一位弟子聊天，聊到兴头上，他突然说：“想不想见见吴先生，他家就在前面一点，要不我们现在去看看他吧?”我一愣，五点多，差不多快吃晚餐了，就建议另找个时间去。“没事，”他说，“我也好久没见他了，我带你过去和他见个面，认识下，聊几句就走。”

从前我压根就没听过先生的名字，结识这位朋友之后，一干朋友聊天谈论刚读到的前代人中某某讲文学好，他便显得不屑一顾：“那个人？我早读过！他好？他哪里比得上吴先生?”听那口气，我以为同样是民国时代某位已经过世的大师，便追问吴先生是谁。一听说这个叫吴进仁的先生是个还健在的云大退休教授时，我忍不住笑起其思维的荒唐来：“吴先生再厉害，也不至于拉来作这样的比较啊!”可他却一本正经。我知道这个一向恃才傲物的家伙私下甚少期许人，我不怀疑他的见识，他说行一般差不到哪儿去，他如此推崇也该自有其原因，便追问吴先生的著述。

“没有。”他淡淡地说，“我们追问过好几次，请他拿出他的东西，帮他整理一下出版，留给后人，他总说没有，先生说他只是一个与古人对话为伍的读书人，随手写下的那些心得不能与古人相提并论，不值得出版。”

但没有书，不代表见识差。这位朋友继续强调，像吴先生这种在国学方面的通达透彻，他生平就没有见过第二个。我承认，有的大家是可以述而不作，问题是，这个时代，连“大师”这个词都被糟蹋了，还可能有述而不作的大师吗？因为没有皇皇巨著来证明，说起吴先生来，即使出于感情因素，在“大师”这个认定层面上，我看他弟子还是多少有些底气不足吧。那就只有遗憾、只能抱歉，就只能极力强调先生学问见识的极好。

这么说，我是愿意相信的，肯定好极了！

当然，接下来，我因这位朋友进入一个爱聚在云大喝茶聊天的朋友圈，吴先生的名字，便频频出现在其他人口中。譬如我从中约略领教吴先生师从过大师刘文典、罗庸、钱穆等人，每一个师长的名字报出来都惊得我一愣一愣的，吴生生学问到底有多深，实非我辈能够测量了。又譬如一位朋友告诉我，吴先生多年前曾与他们私下聊史家文笔之好，《左传》写一个人好色，见到美女——“目逆而送之”，朋友转着眼珠模拟着，转述先生对此细节的激赏：亏他描摹得出！我暗地一惊，这是何等精微体贴的文学感悟力，绝非一般学究能比。过了一阵，我耳边又听到赞叹：“最近我去吴先生那里，偶然发现他写诗句，是草稿，第一次这样写：静涵千涧月，高卧一山云。”我吟味着，不禁倒吸了一口凉气，追问：“后来呢？”“后来？后来又改了，写成：静涵滇海月，高卧点苍云。”真贴切！诗人本色！我也忍不住随之赞叹。讨论过后，我们看法一致：前一种更有来历，后一种更显才情，我们都欣赏后一种。

吴先生捐出了刘文典的《杜甫年谱》手稿……

云大校报发文《最是斯文》，尊吴先生为接续千古斯文之脉的那类人物，吴先生仿佛出土文物一般重新被一些云大学子谈论着……

吴先生被高票推举获得某项高级别的人才奖……

各种消息就这样不断通过这些朋友的口传来，一天天累叠着我心中仰止的高度。在我跟朋友敲开吴先生家的门之前，我与先生从未谋面，也未想过要谋面。

一想到自己粗浅的学养和虚度的年华，我就有些窘迫不安。

门开了，一个和善的老人。没有想象中的那么难堪。先生把我们延至客厅，极普通的单元房，沙发茶几之外，几乎没有什么像样的家具，简单得有些空旷。茶几、架子上摆些书，也不多，似乎全是古籍，我瞄了一眼摊开的几本，是我们一般人不懂得的音韵学。吴先生坐在沙发上，端端正正，眯眯笑着，弟子和他寒暄了一阵，我围着书架转了转，简单浏览了一下书目，复又坐回茶几前。弟子第二次向先生正式介绍我，大约为了让先生不觉冒昧，他除了告诉先生我是中学教师之外，还特意强调我爱读书、能写文章等，还没说完，稍停顿，吴先生就和善地点点头，用一种温雅声音对他说："不用介绍了，你带来的人，我知道。"然后径直转向我，说："李老师，读书好，我们是同一类的人，今天来这里，我们这就叫同声相求，同气相——"

他的声音很细弱，兼安徽口音，我很用心听，最后一个字还是听不清楚，大体意思是明白了，按理，吴先生是引用《易》辞：同声相求，同气相投。可是最后一个字的发音，显然与"投"字相差太远。

我很惭愧，但先生这种激励后学的谈话方式，让我甚是感动：一颗水滴自然无法与大海比大小深浅，但其湿性，却始终如一，毫无差等。苔花如米小，也学牡丹开。

客套话是不必说了，我不知该说什么，竟一言未发看着先生，客厅安静下来。

朋友提醒我："你有什么学问上的问题，现在可以问问吴先生。"

我有什么问题呢？问题太多，千头万绪，问什么呢？再说初次见面，又来得匆忙，也没想过要刻意问个什么。先生看着我，微微笑着，不迎，也不拒。

我看见他不经意地拉了一下衣襟，腰板很正，坐得又直，那个瞬间，就直觉到，先生或许就是古人所拟的一口大钟，定在那里，稳固，空灵，但无言，等待着人们去主动叩响。他的回声，也许真会因为各人力道的大小不同，而产生出具体的差异——我于是随口问先生对我家乡的先贤兰茂先生有何看法。

“兰茂?!”先生眼睛一亮，“我读过，这个人，学问很好，音韵、医药、诗词也好，很了不起!”先生说。我就聚焦在兰茂的音韵学上，求证了一下他在音韵学上的创见。“还有一个人，你应该知道啊，也是你们嵩明的。”

“本悟?”“对，就是他！也写了一本《韵略易通》……”

我又追着问他对本悟的评价。“也了不起!”先生说，接着像禅师机锋一般，“有一年，我在省图看到本悟这个本子上，被不知什么人用毛笔在天头写了一段，大意是批评他随意引用或者删改兰茂成果，可是没有做出明确说明，由此呢，还对他的人品文品颇有微词，我就看到前人有过这么一段东西……”

正说着，吴先生的女儿从食堂打饭回来了，先生还在和我们说话，我们劝他趁热吃，他说不急，放一放，说一会儿话再吃，想到他已经九十多岁的人了，那天虽然精神不错，听其声音，总有些细弱，为了不耽误他吃饭，不影响他健康，我们就起身告辞，先生送至门口，倚门嘱我们再来——整个过程不超过十五分钟。

出门走了几步，朋友又感慨，吴先生真是口不臧否人物。我便说吴先生引用古语“同声相求，同气相投”，怎么那个“投”听不出来，似乎是另外的字，又不方便问。朋友说，他的安徽口音，说的是“吹”字吧?

什么？同气相吹!

我也觉得奇怪，所以特别听了，听着就是这个“吹”字，大概是从什么地方引过来的吧?

同声相求，同气相吹。我一路走，一路反复咀嚼着这句话，像是引用古语，又像是自铸语辞，怪有味。同气相吹——同气相吹——想到他的老师刘文典就是研究庄子的专家，我好似顿悟般，脱口而出：生物之以息相吹也。

生命与生命之间，各通声气，互相影响，好像发出一阵阵微风，彼此吹拂。一生中，能在世上遇到两三气息相近、可以互相吹一吹的人，就是幸运。

我想着，有了这个开头，以后还会有更深入的拜访，什么时候再到吴先生身旁，让他生命与学问的风再清凉地吹拂我几次，或许还能借此荡涤一下我身上的俗尘。

有一点却完全没有意识到：吴先生已经九十多岁高龄……

吴先生走得很安静。

一位为他临终助念的朋友说，吴先生真算有大福报的人，最后的日子，儿女学生守在跟前，没有遗憾，没有痛苦，走得清清明明。我一算，距我初次拜访他的时间，仅仅四个月，我没有关心先生的葬礼是否备极哀荣，据说当教授最露脸的时候就是死后的追悼会，可以去看看是否真正是所谓的桃李满天下。我与先生无非一面之缘，什么都谈不上，当然，一提到他，那个会面情景总会自动浮现眼前，同气相吹，吹也吹过了，想再吹也没有机会了。

我以为，我与先生的缘分，我对先生的认识，到此也该全部结束了。

一天晚上，突然接到朋友的电话，电话里，他语气颇为激动，说家人在整理吴先生的遗物时，发现了一封写给弟子的未完成的信，信中大意说，一般人介绍他，老强调他是刘文典的学生，这固然不错，但实际上他并不是刘文典的精神传人，因为他对先师的思想学问不尽理解，也不尽赞同，他更多是一个与古人为伍的当代学人……

为什么这样说呢？我觉得先生的话语之间似乎留有什么玄机。

吴先生真是卓然大家，当世少有！朋友接着说：他的家人今天叫他去看一件遗物，惊天的秘密啊！连他家人都不知道，先生生前整理密封好的一袋袋手稿！这些手稿字迹誊抄得清清楚楚，举凡文学、历史、音韵、版本校勘等国学领域的内容，应有尽有，其中也包括先生本人从不轻易示人的诗词创作，数量巨大，共有上千万字！

朋友特别告诉我，那天先生跟我谈兰茂，谦虚说只是读过，其实吴先生单是研究兰茂《韵略易通》写下的手稿，就够出好几册书，信笺纸誊抄，一本本整整齐齐装在纸袋里。

我一听，又感动又激动，对吴先生亲切的好感又添一层：吾乡兰公有幸啊，隔了六百载，再一次遇到了高明的知音！

朋友说："以后哪里找这样综合的人，怎么继承啊？谁能够继承啊？诗词我还可以，其他大部分我根本连读都成问题！你说，吴先生怎么会淡泊到这种地步？生前都跟人家说他没有任何著作，连我们和他的家人都瞒住了，身后却留下这么丰厚的东西。这回怎么办？这个国宝级的大师，连找个能够全面理解研究他思想的人都难。"鉴于吴先生的儿女们多在国外定居，朋友还忧心忡忡："接下来家人会不会将这批手稿带到德国去呢？如果这样，离开它的生发环境，这批手稿的价值将更难发挥，而出版、研究就将更是遥遥无期。"

作为旁观者，我的心情也跟着朋友起起伏伏。结局的圆满，却谁都没有料到——这个惊人的发现很快引起了云大领导的重视，一个专家团队立马组织起来，综合评估后，跟吴先生的子女进行了友好协商，将这批手稿挽留在了云大。据说，云大决定高规格出版吴先生的文集，将为此特招一批研究生，专以整理出版吴先生的手稿为职事，尔后又将建一个刘文典纪念馆，吴先生的这批手稿，也就顺理成章，进入馆藏，供云大学子永世瞻仰。

这个漂浮在海上的巨大冰山，平常能看到的仅是很小部分；现在，连潜藏在水下的巨大体量也开始露出端倪了。在这个多少有些虚浮的时代，吴先生的生前不可谓不寂寞，但他却以永恒为标准，把精力全都用在身后的事业中。这些成果，也是这样安安静静地留下来。

寂天寞地中也惊天动地。

吴先生肯定是这个时代的异数，但他并不缺少同气者，这些同气者，互相吹一吹，喧嚣繁华中，一点点的安静气质也将会随之聚集，并潜滋暗长……也许吴先生都没有想到，他会以这种不同寻常的方式圆满谢幕，并给我们这个时代的人生舞台，留下一个多么富于启发性的形象！

我与吴先生缘浅，一面即千古，是遗憾，也是幸运。每一天，我们睁开眼睛，会有多少人存在身边啊！有的擦肩而过，有的朝夕相处，白天憧憧往来，有欢有怨，晚上睡了，多少事都被挡在意识的门外，就算有的会来梦中相见，也难免浮如微尘、恍若泡影。可是，当一个人进入深睡眠，或是独自面对自己的清醒时刻，却可以通过那些起起伏伏的印象，检验你与世事缘分的真正深浅，良知的天平也会自动给每一个灵魂做出称量——此时的你不会说谎。

你还会惊讶地发现，平日里口头心上多么离不开的亲友，甚至一度主宰你命运的那些重要人物，在你眼睛拉上帘幕的时候都会呼啦啦离你远去，有些人，不一定与你相关、与你相熟，平常甚至没有多少交往，此刻却可能正在你最真实的那一边，对你微笑，对你颔首……

一个见面不超过十五分钟的人，会让人挂心，这是什么道理？我相信，吴先生就是这样的人：他的生命确实有某种特殊的魅力、有某种特别的力量，悄然划过的一根火柴，不仅能把黑暗照亮，还会在底板上留下一道不浅的印痕。

还是在云大东二院，吴先生弟子的寓所，我和另一位朋友一起翻看吴先生家人送给这位贴心弟子作纪念的一本孟浩然诗集，上面留有吴先生亲手批注过的颀长字体，旁边的电脑，兀自播放着吴先生的古诗吟咏——

“山从人面起，云傍马头生——这两句有味啊？”

“明月松间照，清泉石上流，竹喧归浣女——真好！真好啊！”

“岸花飞送客，樯燕语留人……”

一阵风从身边吹过去，纸页哗哗作响；耳朵里，还是那个古拙苍老的声音。

◎ 2.5 实雅声教

2.5.1 秦光玉作词《求实中学校歌》

双塔之侧，五华之东。

占高明之胜地，养朴茂之学风。

勖哉校友：尚其顾名思义。

敦实行，课实功。

存固有之道德，拓崭新之心胸。

发扬光大，以保我本校，令名于无穷。

2.5.2 袁嘉榖整理《诗经古谱》

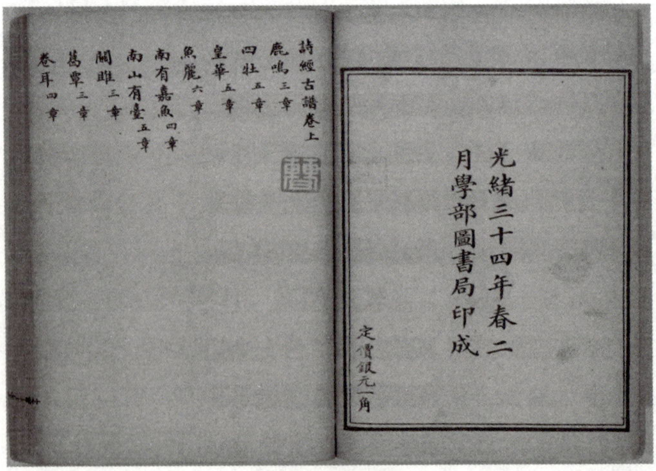

《诗经古谱》

第3章 型教篇

◎ 型教引说

这里的型教是从汉字的音形义的“形”脱化而来，主要包括汉字日常书写的书法之美，文章形式、体裁、逻辑组织等型制之美，以及各学科内容境界的独特审美等内容。这些内容本身有诗意，也能够以独特的门径，进入诗性本身，型教既可以作为“一门深入”的诗教表现，也能统整义教、声教等其他途径，一起构成中学诗教的统整创新之途。

汉字有象形、会意等造字法，无论是字体的发展，还是字形的变迁，即使从单个汉字来看，其外形都有诗意审美的因素。中国古人充分发展了这一汉字形式审美特点，形成了独一无二的中国书法，汇成一条浩荡的书法艺术长河。书法不仅本身的线条形体是一种诗意的审美，它的书写内容，往往是最有诗性表现力的文字。甚至许多中国诗文的名篇绝唱，著名的如王羲之的《兰亭序》、颜真卿的《裴将军诗》、李白的《上阳台》、杜牧的《张好好诗》、苏轼的《黄州寒食诗帖》与前后《赤壁赋》、黄庭坚的《松风阁诗》、米芾的《苕溪诗帖》等，就伴随着绝美的书法一起诞生人间。缺少了书法的参与，这些经典诗文的综合诗意的万丈神采必然会大打折扣。反过来说，汉字的日常书写与书法审美的渗透，就是落实中学诗教的最重要的体现和最有效的途径之一。

型教之“型”，除了汉字的书法形态，还包含文章的形式、体裁甚至逻辑构架等型制之美，从更广义的学科统整角度，型教之“型”还可以包括各学科内容与境界的独特审美。

同时，型教统整之途还要注意地方性或具体性。譬如，以昆明市第十中学的实雅课程来说，陈荣昌先生书丹的《求实小学校记》拓片，书法十分独特，既采用了陈荣昌先生常见的平正的楷书书势，又带有魏碑朴茂书风的笔法，给人强烈的审美震撼。碑文为陈荣昌先生的弟子即民国时期云南省教育厅厅长秦光玉先生所撰，而本校的校歌亦出于秦光玉之手，校歌中有“占高明之圣地，养朴茂之学风”的诗教期许内容。可以想见，陈荣昌先生的书写融合了他对学校精神的理解。

书法家赵海若先生书叶作品“超以象外”

所以，在昆十中，型教之书法审美，倡导以陈荣昌先生为代表的颜钱一系的书写风格为主，比较容易激发师生从学校文化等当下具体环境出发的诗性，再辅以校歌演唱、杜诗选读、儒家经典义理统整内容、校歌书写大赛等活动，较容易形成与学校“求实”等核心精神相一致的刚强正直、朴实充盈的诗教美学。这就是型教统整的转型创新之途的一种实践。

至于各学科之间的型教统整之途，由于情况比较复杂，只能在此指出方向，供有此研究志向者不断探索并发扬光大。

◎ 3.1 横排竖排——说排列

据说袁世凯称帝时，有人贴出一副对子，上联：袁世凯；下联：中国人民。形式严重背离对联规矩，人们一见，疑问脱口而出：袁世凯怎么对得起中国人民呢？话一出口，聪明人早已领会——袁世凯称帝，确实对不起中国人民。这就是特殊形式承载的隐含内容。文学的外在形式是内容表达的一部分，形式的创新往往就是内容另一种途径的拓展和溢出。

诗歌是文学的前锋，和其他文学形式比，它常常在超前实验语言的各种表达可能性。一首诗是这样排列而不是那样排列，必须这样排列而不可随意更改，一定要有充足的理由。

试看郑愁予的《错误》开篇："我打江南走过"很短，"那等在季节里的容颜如莲花的开落"较长。短句感觉事件发生得突然，长句在阅读时间和视觉空间上的延展拉长直接让人体验到漫漫等待的滋味，一短一长的句式配合诗中莲花瞬间开落的形象，使此诗拥有了审美的戏剧性。

穆旦《赞美》一诗中有句子这样排列：

> 一个老妇期待着孩子，许多孩子期待着
> 饥饿，而又在饥饿里忍耐

这里的排列从一般不该断开的语流中断开，恰恰是一种前所未有的汉语言表达实验，巧妙借用了文字的线性排列惯性，在"期待着"处突断，当读者也按惯性对"期待着"的内容浮想联翩而思维暂止，视线回折，"饥饿"一词如子弹破空而来，冰冷地击碎种种可能，在下一句的再次强调中深深嵌入读者的意识。这种语言排列运用的力道同样令人心服。

经新式标点和现代横向阅读习惯整理之后，古典诗词似乎好读多了，无意间竟忘了中国古诗人曾经对形式的讲究。改换排列形式，或许有损于诗歌之美。

李白《宣州谢朓楼饯别校书叔云》开头："弃我去者昨日之日不可留，乱我心者今日之日多烦忧。"何如原来无标点竖排列，作一大长句之效果？愁闷激愤之状，自语势与视觉中出，若江河直下，滔滔不断。而其《将进酒》开篇："君不见，黄河之水天上来，奔流到海不复回。君不见，高堂明镜悲白发，朝如青丝暮成雪。"这样的断句固然符合诗意，而无标点竖排的古老形式，仅从直观的视觉和阅读语流，就可感受得到黄河之水滔滔不绝从天倾泻的非凡气势。

◎ | 3.2 重复的才华——说重复之一

陈毅元帅《青松》诗："大雪压青松，青松挺且直。要知松高洁，待到雪化时。"少时背来朗朗上口，轻松可解，似大有意味。后来眼界稍宽，再三吟哦，似不满意第二句。为何？重复太多。"青松"的重复还可理解，到"挺"字，"直"意已含，诗意尚婉转；后文再来个"直"，还加个"且"字连缀，含蓄尽泻，用墨如泼，元帅的诗心亦如他的平常居心，机杼全无，直得一览无遗。

不过，创新往往就是在规矩与犯忌之间突围的。一缕焉能掣巨鳌？正当我们呶呶说诗贵精练、用字需力避重复之时，那些才华万丈的诗人早已把这些清规戒律踏于脚下。

崔颢的《黄鹤楼》诗，开篇就用重复来挑战某种诗人极限："昔人已乘黄鹤去，此地空余黄鹤楼。黄鹤一去不复返，白云千载空悠悠。"开头三句，每句都有"黄鹤"，可谓字面重复极矣，于是出现了首句"黄鹤"改"白云"的版本，历代诗评家聚讼纷纷，主张"白云"版本的，多数理由就是"白云"避免了"黄鹤"的再三重复。惹得选批唐诗的清代才子金圣叹禁不住拍案而起："大谬！不知此正以浩浩大笔，连写三'黄鹤'字为奇耳。"但是奇在什么地方呢？

其实三个"黄鹤"，字面一致，而意思则可指向黄鹤物象，也可指向黄鹤楼名，这样在重复中有了意义差异。传说中的黄鹤虚影，自然中的黄鹤实相，又可借同一个词来合二为一，开掘诗境纵深。所有的纷异，细思其实又是一个来源。此诗题“黄鹤楼”，就以重复之音反复渲染咏叹“黄鹤”，实为题中应有之义。黄鹤来黄鹤去，字面三呼“黄鹤”的繁密热闹，构成情绪的矛盾张力，这种临远登高产生的浩渺时空，因黄鹤身影产生了更强烈的漂泊变幻，存在瞬间坍塌幻灭产生的虚无感，最终在诗意的婉转潜流中与最后结句的“日暮乡关何处是？烟波江上使人愁”交汇咬合，以致余音绕梁，生发出更广远、更浩大的苍凉之叹。表面若口语，语语自然，随意道来；实则机杼自深，九曲回肠。才华尽在精心挑选锤炼的高难度重复中横溢出来。遂使后来登临的李太白搁笔，惭愧“眼前有景道不得，崔颢题诗在上头”。

一般的情怀和文辞能奈太白何？关键这重复，技高一着，可遇不可求。需要过人的才华，更不能缺少天机。李白不服不行。尽管后来到底意难平，传说《鹦鹉洲》与《登金陵凤凰台》，就是暗中与崔颢叫板角力之作。依我说，就算水平超过，到底露出了斧凿之痕。

能对崔颢这看似无理的重复称奇道妙，金圣叹眼光真毒！《水浒传》中施耐庵重复写虎——武松打虎、李逵劈虎——犯而不犯，重复逞才。金圣叹能够在点评中发现并大加赞赏，其来有自。当然他更清楚，这种才华甚至和《西游记》中每到“落难”时观音菩萨就来帮忙的重复，都迹似而实非。这就叫：会道的，一缕藕丝牵大象；不会的，千钧铁棒打苍蝇。

◎ | 3.3　续说重复的才华——说重复之二

明时江南某山胜迹，文人于峰顶铺纸摆砚，现场饮酒赋诗。一乞丐前来乞酒，文人们笑言，此酒非一般人能饮，饮必赋诗。乞丐不屑一顾，说此等小道有何难哉，酒来自有诗。旁人赐酒，乞丐接酒呷过，说，一上。众笑。再来一口复言，一上。众又大笑，说不要为难了，酒可以喝，诗不是如此做的。那乞丐不理会，继续说，又一上。众人笑得前仰后合，好心者继续劝其不必勉强，不想他缓缓再来：一上。众绝倒。乞丐将酒一饮而尽，取笔挥毫，落纸如烟，留诗一首而去。其诗言：一上一上又一上，一上上到高山上，举头回看白云低，四海茫茫皆一望。众惊异，反复思量猜度，此胸襟气魄，非是常人，城中唯唐伯虎当之。一察果然。

这则轶事中的诗，“一上”的重复，在迂回曲折的声韵中，不着一字，道尽山之险、登之难。末了两句居高临下，寓奇崛于平常重复之中，确实诡异聪明。此诗气魄果然豪放，然从诗家本色来说，这一首确有如从前论者讥讽唐伯虎诗风的那样：如乞儿唱《莲花落》。当归入文字游戏之流，可见“重复的才华”颇不易得。

不过这种才华在现当代并未成为绝响，如诗人顾城的《感觉》：

天是灰色的
路是灰色的
楼是灰色的
雨是灰色的

在一片死灰中
走过两个孩子
一个鲜红
一个淡绿

“是灰色的”似乎重复得无理，句式的单调也让人觉得无聊，整个一段重复读来直接让人在生理上产生烦闷之感。然而这正是作者需要达到的效果，这才是真正的“感觉”。这份特殊的“感觉”在结尾“死灰”一词的抽象升华后，被“鲜红”和“淡绿”的色彩瞬间打破，色彩的层次感和心理的戏剧感就在此刻被释放出来，那种喜悦的发现和重生“感觉”不言而喻，这时回观前段的重复，方觉才华灼人。简单又不简单，这可不是《诗经》里的重章叠句所能比拟的。

顾城的重复略显灵巧，其沉重深刻处却又不及前辈鲁迅。鲁迅惜墨如金，关键处也擅重复，怪哉！其著名的《秋夜》开篇：“在我的后园，可以看见墙外有两株树，一株是枣树，还有一株也是枣树。”

且说此句，我分明看到文字背后先生那双百无聊赖向外逡巡的眼睛，在空虚无凭中将一己精神来回重复灌注在两棵直立确定的枣树上，虚无中有执持，实在中显空洞，大颓唐中有小幽默，先生独特的生存感受瞬间直觉都在重复中潜藏。有几人会这样写、敢这样写？人人心中有，个个笔下无，岂不知，这才是鲁迅成为鲁迅的理由。再说《祝福》里祥林嫂重复讲述阿毛被狼吃的“我真傻，真的”那几段，简直力透纸背，不但写绝了一个丧子母亲的悲凉，也在阅读的过程中，试出了包括我们自己在内的每一个读者的冷漠与厌烦——这种劣根性似乎与生俱来，而我们也习以为常。

◎ | 3.4 倒骑毛驴张果老——说倒装

“土地老，土地老，土地先从哪点老？土地先从脚杆老。下坡下不动，上坡放小跑……”

拙著《凿破浑沌》中我写过《颠倒歌》，回老家过年，堂哥李文千却告诉我一种“颠倒话”，说是人的五官四肢，几乎都借这《土地老》颠倒说尽：“土地老，土地老，土地先从哪点老？土地先从牙齿老。豆腐脑，嚼不动，炒豆下酒也还好，也还好……”

这是我们三老公公在他小时候念给他听的。三老公公是念经先生，生前为我们哥几个取了名，我没见过。堂哥说小时候三老公公念经时，他常为其翻一本折折叠叠的《金刚经》。

一说《金刚经》，我就想起“颠倒梦想”四个字来。佛眼观世，众生颠倒，故起悲悯，以颠倒对治说法，息妄归真。禅语说得妙：“空手把锄头，步行骑水牛，人从桥上过，桥流水不流。”很显然，《土地老》藏有某种与此相类似的智慧。

“诗为禅客添花锦，禅是诗家切玉刀。”众知王维素有“诗佛”之称，诗境有禅是必然。不过，也许鲜有人发现：他的诗法，偶尔也会借用佛家“颠倒话”式的方便手段，直指造化人心诗意涌动的瞬间，某种诗性呈现的当下即是。《积雨辋川庄作》一诗中有一千古名联：“漠漠水田飞白鹭，阴阴夏木啭黄鹂。”人一读即感“飞白鹭”“啭黄鹂”不大符合平常句序逻辑，当是“白鹭飞”“黄鹂啭”之颠倒。为什么要颠倒呢？有人也许觉得天才的说法都是这样故意悖于常人方式，但看“明月松间照，清泉石上流”又直逼口语；又有人从律诗平仄音韵句法等着眼，将其等于杜甫律诗中类似的倒装拗句，看似有理，亦未为解人——此正是王维诗法中的“颠倒话”。

现在试将语言想成一摄影镜头，镜头后一双眼睛，一字一境，字若镜头依次摇出。先出“漠漠”，便直接呈现昏昏未明之广阔状，摇过镜头，再出“水”；复扩大流动视界，见出是“田”，“漠漠水田”占据整个画面，稍停，就是一大静境。突然有动，视线骤然集中，聚焦于“飞”；“飞”起何物瞬间尚不清晰，唯有颜色闯入眼帘，为“白”；缓缓看清，分析思维随之判定：“鹭”而已。

“漠漠水田飞白鹭”，一字不易，一序不更，整个事件即在存在根源处依时间和自然的逻辑，不人为添减半分，读者随线性排列的文字指引来到现场，看到事件如何具体真实而有序地当下发生，这是永远的“现在进行时”。看过之后，固然可说“白鹭飞”，但既经理性思维人工斧凿，一说便成过去，诗神立死！

“阴阴夏木啭黄鹂”亦如是说。骆宾王《鹅》诗中“曲项向天歌”以“曲”字倒装为头，同样当如是解——骆未必有意为之，孩童纯心未染，凭着孩童审美直观，看见了，说出来就是。

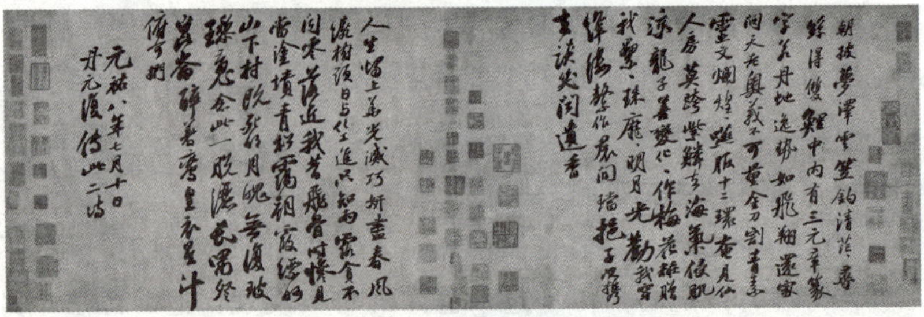

苏轼行书《李白仙诗卷》

“簌簌衣巾落枣花”，据说是苏轼也写有此类被世人简单归为“倒装”的句子，不符合理性思维但却来自混沌天籁——为什么不说“簌簌枣花落衣巾”呢？“旧时茅店社林边，路转溪桥忽见”：存在与诗歌同源，许多一流诗句的“倒装”，细细品味才恍然大惊其为“正装”。懂或不懂、诗与非诗，却在此精微之处分野，仿佛见了那倒骑毛驴的张果老，我们惊疑指笑：“你颠倒了！”

“你们才倒颠呢。”张果老或许这样答一声，闭目复悠悠去。

◎ 3.5 文学核聚变——说型制

饭一口一口吃，日子一天天过，人生不满百，沉沦其中，光阴不知不觉到头了。人若不十分敏感，回头一看，虽难免有所感慨，倒也不觉得分外惊奇。设若有一种力量，让一个大家正在逗玩的天真无邪的孩童，一生的成长变化突然聚集浓缩在一段很短的时间内呈现，当最后一个沧桑白发的老年形象最终定格，并取代孩童稚嫩的容颜时，那种散佚在百年时光里的能量也会突然凝聚起来，在一瞬间爆炸、释放……我相信，那时，在一旁观看的人们早被震晕、惊呆——内心情感的冲击波，足以摧毁我们的一切意识！

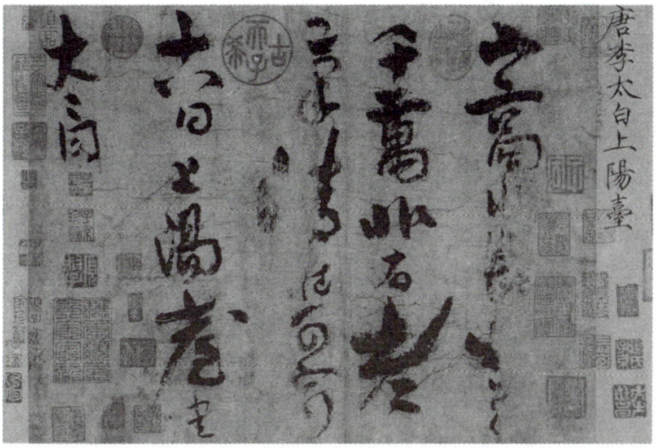

李白自书《上阳台》诗帖墨迹

这样的场景当然不会在现实中存在，但可以在想象中发生。把这种感觉移之诗，那就是李白《将进酒》里那个看似简单的句子："君不见，高堂明镜悲白发，朝如青丝暮成雪。"百年人生浓缩于一天，就在"朝如青丝暮成雪"这个表面上简短冷静的句子中，紧裹了我们开头设想的人生一幕。一旦读者与作者之间接通了思维的气脉，想象碰撞、情感共鸣，新鲜而巨大的审美杀伤力瞬间就爆出来了……这就是李白式"夸张"与常人所谓的"夸张"的天渊差别处。文字不能释放相应的能量，岂能在高手如云的唐诗人中稳坐头把交椅？

"诗仙"既不徒有其名，"诗圣"也非无佛称尊！但看杜甫《登岳阳楼》中写洞庭湖的名联："吴楚东南坼，乾坤日夜浮。"短促异常，十字而已，千载以下，如何能关千古凭临洞庭湖的万千才士之口？对仗工稳？用词精妙？都不算，依我看来，正是因为这几个字中深蕴着李白式的爆炸能量，才使得此联镇得住茫茫古今八百里洞庭湖水。有人评价此联夸张失实，从地理上讲，洞庭周围都是"楚"，何来"吴"？小小洞庭，怎么能分裂吴楚呢？这都是未能接通杜甫心量的缘故。盖诗人立于洞庭时，一切事已成。而诗人苍茫思绪，却直接大地草莽蛮荒之时，造物之初。"坼！"这一湖水裂地而起，汹涌波涛瞬间升自目前，创造的快感、目睹的震惊还萦在胸中，而江声浩荡，天地乾坤万象，日日夜夜都纳于湖波中，吞吐，浮动了……地质学上要经历千万年的事件，此刻于作者当前一念中聚变了，最后包裹在简短的五言里，冷静自在。这种感觉无以名之，唯有物理学中的"核聚变"差可比拟。

行文至此，乃想起电告张翔武，周围人中，知他读外国文学较多。乃问外国作品中有此文学"核聚变"否？谁想他一口承答：有啊，《尤利西斯》就是，一天之内，纳入古往今来种种！

这望而生畏的天书我实在读不下去，倒突然想起有些人也读不下去的《百年孤独》。我的经验是从朝至暮一气读完，那个百年家族纠缠秘史及马孔多小镇，轰轰烈烈，无限沧桑，破空而来，随风卷去，真有天旋地转、古今须臾、四海一瞬的震撼感觉。若说“拉丁美洲文学爆炸”，那么马尔克斯的《百年孤独》该是用“核聚变”方式造就的一颗文学氢弹。要读，就不能松松垮垮、时断时续，你必须在一天之内引爆它……

◎ | 3.6 实雅型教

3.6.1 徐曦、李文炳、张国兴、曹煜民等集陈荣昌书法之《求实中学校歌》

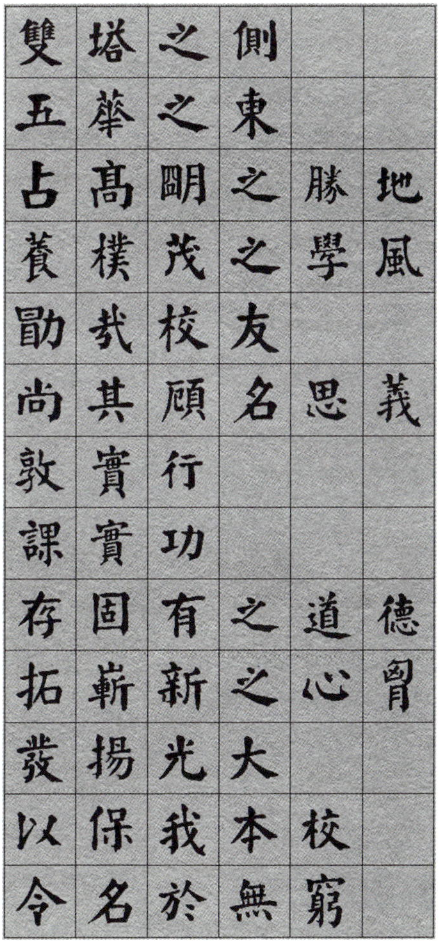

此《求实中学校歌》集字历时数月，由徐曦、李文炳、曹煜民、张国兴、任红华、尹恒等人分别寻找陈荣昌先生书法线索，提供单字，共同讨论，最后由徐曦先生一人会同资料，整理定稿。每个字均出自陈荣昌先生书法碑帖——除了“勖”字因实在找不到合适的原字，乃由徐曦先生采用陈荣昌先生的书法偏旁拼贴而成。集字难以做到书法意义上的流畅生动，这里提供的陈荣昌先生书法单字，亦仅供临创者结字参考之用，故省去了集字的一切具体说明和烦琐出处。

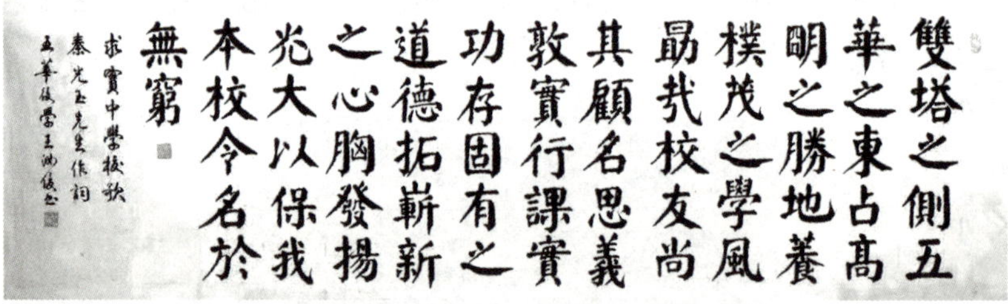

钱南园、陈荣昌书风承绪者王汝俊先生书《求实中学校歌》

3.6.2 陈荣昌书《诗经》册页

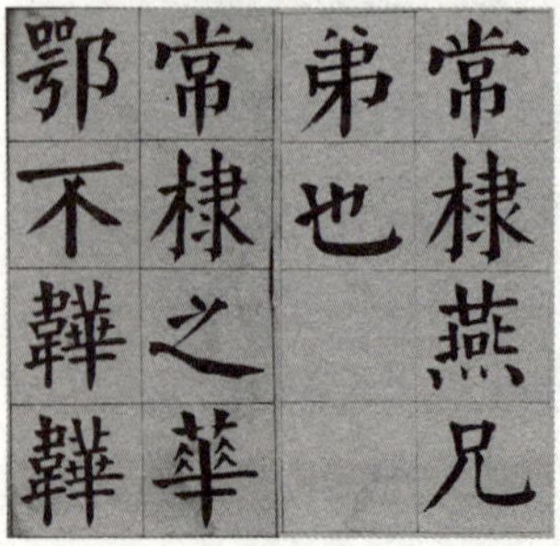

《诗经》册页

3.6.3 陈荣昌书《求实小学校记》碑拓

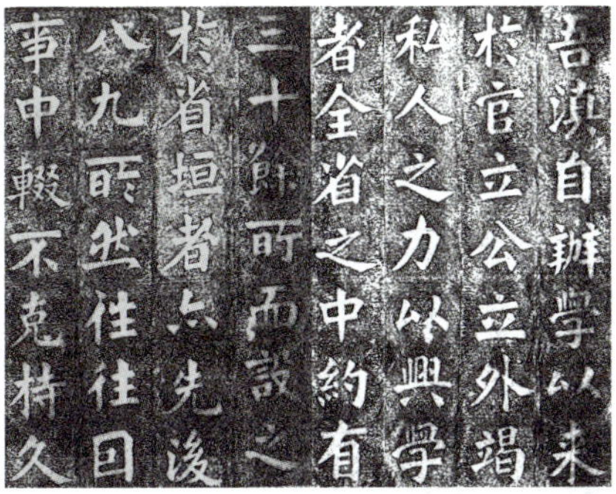

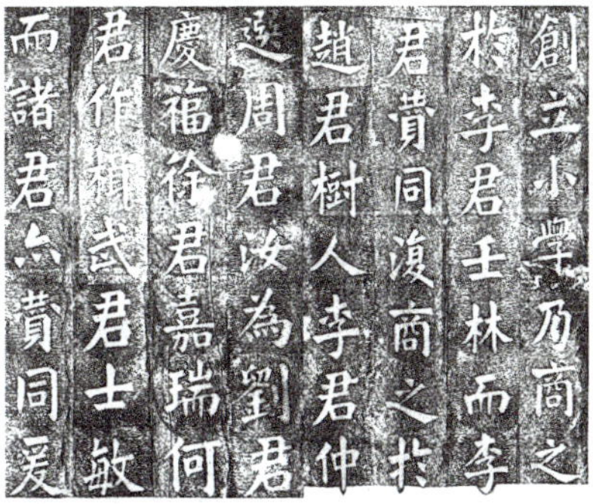

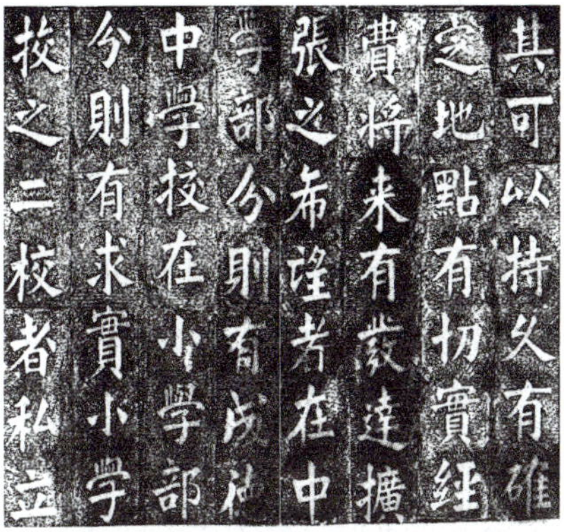

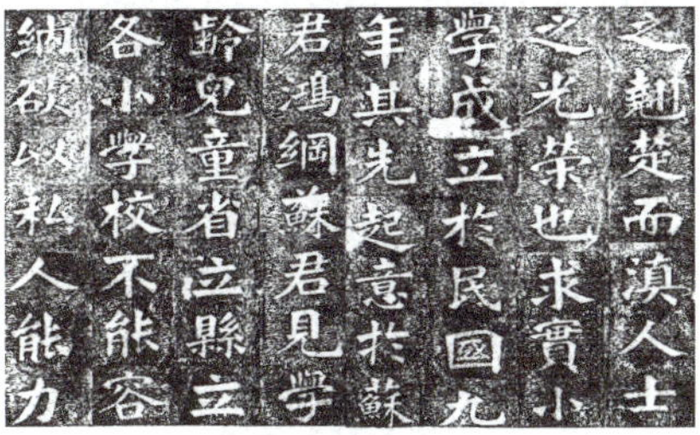

《求实小学校记》碑拓

第4章 圆融篇

◎ | 圆融略说

真正饱满的诗意就像一颗玲珑剔透的水晶球，是一个立体、浑圆、滚动的整体，无法作固定理性的分割。前面的义教、声教、型教三篇，只是为了逻辑把握的方便，加以分列说明。但在实际“诗的教育”中，义教、声教、型教是立体、圆融地统一于一身的。并且，最终都指向诗性，也即人性中以诗意审美面目显现出来的教育本性。

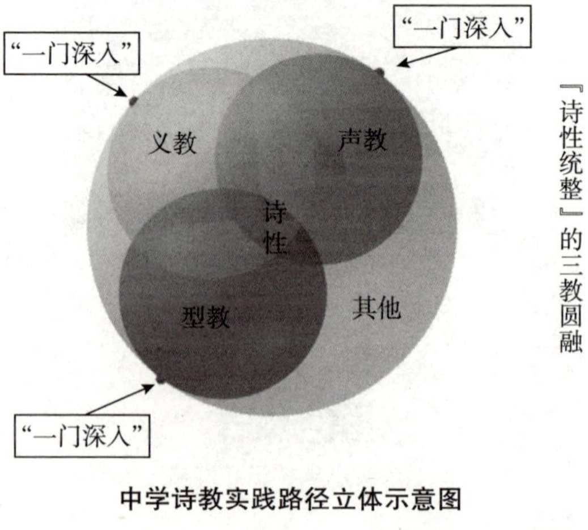

中学诗教实践路径立体示意图

◎ 4.1 共有的房间

每个人都是半开着的门

通往一间共有的房间

2011年诺贝尔文学奖获得者、瑞典诗人特朗斯特罗姆在其诗作《半完成的天空》里如是说。中文翻译者李笠曾好奇地问他：这句诗是否受到汉字“我们”的“们”启发，即“人+门?”特朗斯特罗姆沉吟后回答：“这种神秘的经验，西方的基督教里也有。”

东海有圣人出，此心同，此理同；西海有圣人出，此心同，此理同。我在想，要是特朗斯特罗姆也读过宋儒陆九渊并以此为答，中外诗人间的这个问答细节，将会是如何的令人忍俊不禁？特朗斯特罗姆的回答不幽默，却引人深思，这个“共有的房间”，是人类的存在之源，也是古今中外诗意得以有效沟通和自由体验的前提。至于这个“共有的房间”用何种语言、用哪个词来表达并不重要，这些都是暂时的手段，目的只有一个：通往一间共有的房间。李笠的盘问固然没有获得他所期待的答案，却无意间使“们”这个汉字由早已僵化固定的抽象习惯所指一下子返回它的生存原在，造字之初的诗意和神秘也在反向的光照下瞬间倾泻出来。原来，当代瑞典的特朗斯特罗姆和古代中国面目模糊的“仓颉”，师法的都是造化，启发的源头既然同在大自然，其休憩的终点，也必然回归它……

我正饶有兴趣地随手翻着特朗斯特罗姆的诗集，一首短诗自眼前蹦出，拴住我的目光——

厌倦所有带来词的人，词而不是语言，

我走向雪覆盖的岛屿。荒野没有词。

空白之页向四方展开！

我遇到雪上鹿蹄的痕迹。

语言而不是词。

这首《自 1979 年 3 月》的诗，将与诗人身份性命攸关的东西——词——否定了，他展开了一条抛弃“词”的反向逃遁路线：走向雪覆盖的岛屿，走向荒野，走向未被词污染的大自然。荒野没有词，也不需要词，消解、扫除了一切令人厌倦的陈词滥调，这时，诗人的身份意识却在千方百计摆脱词的梦魇纠缠后悄然复苏，否定了词、不用词之后带着惊喜的复苏：“空白之页向四方展开！我遇到雪上鹿蹄的痕迹。”

雪上鹿蹄的痕迹，成了写在大自然空白之页的新的诗歌语言！如果我能加入他们的讨论，我将如李笠一般再问特朗斯特罗姆一次：“雪上鹿蹄的痕迹是语言”这种想法，是否来自汉语中“文章”的“文”这个字的本义启发，即交错的花纹，大自然中的鸟兽之印、水上波痕等？

另外，若说他否定了词，此诗为何又要用“词”呢？这背反的圈套，很像中国老子“道可道，非常道；名可名，非常名”的哲学翻版，当然更与庄子“得意忘言”的“言筌”之论不谋而合。

也许是特朗斯特罗姆的诗与中国古代诗歌存在某种可以互证互释的亲缘关系，李笠干脆把特朗斯特罗姆称为“一个现代的唐代诗人”。其实不止唐代，以此诗论，晋陶渊明“此中有真意，欲辨已忘言”、宋代唐庚“疑此江头有佳句，为君寻取却茫茫”等语句，都在说着相近的意思。

词不过是跳板，语言退居二线，在大自然的召唤下，他们都成赤子，走进了“同一间房间”。

◎ | 4.2　勾勒：兰茂这个人

你可能是第一次听说这个人，一如对生他养他的故里一样，你也是第一次听闻。

你听说过这个人，除此之外，你可能对他一无所知。这个人的行迹，大部分还遗憾地躺在六百多年的故纸堆里——

兰茂，字廷秀，杨林人。读书过目成诵，留心经济。王骥征麓川，茂授以方略，遂成功。后乃返求六经，究心濂、洛、关、闽之微，欣然有得。名其居曰："止庵"。冲淡闲远，以著述自娱，有《玄壶集》《鉴例折衷》《经史余论》《安边策条》《止庵遗稿》等书行世……

——万历《云南通志》

世上有些人物，是靠地方赋予其高贵的；而世上也有许多地方，常要借人物彰显它的光彩。地灵人杰，人杰地灵，从此说不清因果：是人因地尊，还是地赖人传？

在祖国壮丽的名山大川中，鸡鸣犬吠的乡土嵩明像个隐士，一向寂寂无光，而外在于灿然星现的显贵人物谱系，布衣兰茂，也自足于自己的精神世界，在平民生活的世界里握瑜怀瑾、和光同尘。从开初到后来，他们互为因果，相看两不厌的人与地，是难得的相成相融。

所以，现在，以嵩明的山川大地为背景，我要尝试给你勾勒兰茂：他的大致形体，他的身心轮廓……

4.2.1 兰茂的耳朵：乡音成韵

说起兰茂肉形的耳朵，外在的耳郭，实在过于平凡，要说的只有无形的耳根。

兰茂耳根之利简直令人惊叹。

这当然源自天赋，更来源于独特的环境。

且不说大自然的各种声响，譬如老屋檐前断续的雨滴，雪天窗外乍破岑寂的冻蝇，以及燕剪春风、花落池塘、松声鸣湍、蛙鼓莺簧的声声入耳；单是人声，南腔北调、古语乡音自幼就随嘉丽泽的潮声，波荡水涌般灌注到耳内来：

祖籍河南洛阳，依偎于长辈之怀，奔跑在亲戚膝边，家庭、亲友，不必说，兰茂的耳朵最早惯听了中原古韵；生长嵩明，入籍杨林千户所，嵩明杨林的土语方言自自然然饱沃他的耳根；地处通京大道要塞的杨林古驿站。作为一个小镇，据说其繁荣直逼昆明，南来北往的人，各种口音融混出兰茂屋外嘈杂的市声。

更何况这个人们眼中不乐仕进的乡里小圣，有时采药行医，有时求贤访友；或远游行吟，或骑驴标韵，常常穿行在异乡口音的山风野韵里，活脱脱像极陆游诗中所画的形象：“衣上征尘杂酒痕，远游无处不消魂，此身合是诗人未？细雨骑驴入剑门。”

铿锵或缠绵，那些古老汉语平平仄仄的声响，在他耳内往复回荡，韵调的差别需要微妙的品鉴。

在这锐利耳根的过滤下，汉语音韵的复杂密码被兰茂轻松地破译！

高明到极点、通透到极致之后，看起来却是一派浅易简单——整个汉语语音系统，声母 20 个，韵母 20 个，加调的平上去入 4 声，声韵调配合相拼，可以得到任何一个汉字。

许多人不敢相信自己的耳朵：以前音韵学家规定的字母可是有 36 个的哦？兰茂笑了：“你们听好了，36 个字母中，有 16 个是重复的，如今删繁就简，舍末探源，就是这样。”

这样学起来十分简单，且更符合汉语本身的规律。那为什么声韵都刚好是 20 个，这么巧？

兰茂说：凡字有宫商角徵羽 5 音，有平上去入 4 声，4 乘以 5 等于 20；人的发音部位有 5 处——牙齿舌喉唇，每一个汉字母子翻切，必 4 言而成，4 乘以 5，还是 20。汉语系统本来就是横有 20 母，纵有 20 韵，两者均分，如阴阳对等，这是自然而然之道，不是故意强成分成这样。这种说法和现今官方主流说法的确差异过大，要科考，要读经史子集，要进入主流学界，按照原来那一套就是了；作为一介布衣，我当然无所谓；如果你在“正统”中学习，觉得困难，不妨来参考这个通俗简单的办法。我的主要对象是平民，语音基础是方音，为应用便俗，我还为大家编了一部教材，叫《韵略易通》……

如何“易通”？记不住字的具体声母是吧？那就请先记准这首《早梅诗》：“东风破早梅，向暖一枝开。冰雪无人见，春从天上来。”

诗中一字代表一母，刚好20母。再把20韵分列于每个字之下，刚好，前10个韵母4声都可拼全，后10韵全都拼不出入声，这不正好说明它暗合阴阳之道吗？现在，你可以随便查阅《韵略易通》，因韵寻形、由形考义，都方便多了。

至于20个韵部，那是诗词歌赋韵律之美的自然源泉，务必自幼时歌吟婉转，熟习于唇齿间，兰茂另创一部《声律发蒙》，专供幼童初习联对之用。想知对仗、识平仄、通声韵，吟诗作赋，都可以此书为津梁："天对地，雨对风，九夏对三冬。祥云对瑞雪，滴露对垂虹。杨柳池塘风淡淡，梨花院落月溶溶……"朗朗上口，由易到难，使童子吟咏之间，恍觉山川景物、人间万象历历眼前，幼时一诵，不至于白首茫然也！

不怕不识货，就怕货比货。还是俗话说得好，酒香不怕巷子深。口耳相传，《韵略易通》《声律发蒙》等代表兰茂耳根成就的著作迅速在民间传抄、刻印。

纵横20声韵，从兰茂深具对称之美的耳朵里荡漾出去，涟漪开来。明朝、清朝、民国，浅吟低唱、声响轰鸣，一如花雨满天、莲花怒放……

隐居乡里的兰茂面壁永恒，成了一道回音壁，仿佛一直深藏大鼎山内的水晶宫，以其空窍为地籁，不断应和着嘉丽泽沧桑巨变的海潮雷音——

"竟以方音变古法！"

"止庵学传三大师，韵学往往瑶篇续！"

"平民识字课本！"

"国音字典！"

"中国音韵学发展史上的第二座里程碑！"

…………

纪晓岚、袁嘉穀、赵藩以及近代的语言学大家赵元任、王力等，这些大师的身影，在这道回音壁前，矗立成永久的学术风景。

《韵略易通》不仅作为现代汉语普通话拼音方案的前身，其以

《早梅诗》归纳声母的艺术创造方式，也深为现代语言学家王力等人激赏，王力也仿效兰茂，作《子夜歌》以归纳现代汉语拼音声母：

子夜久难明，喜报东方亮；此日笙歌颂太平，众口齐欢唱！

4.2.2 兰茂的舌头（附双足与手指）：草木医魂

生有舌头，都会饮食，也能尝出苦辣酸甜。

舌能尝味。不过，正如古人所指出的那样，尝味人极多，而“知味”的人极少，由知“味”而得“道”的人，当然更属凤毛麟角。

假如兰茂在民间还有一定的声望和名气的话，可以说，这种声望和名气大半奠定于他的舌头。

兰茂的舌形，状如初偃月，这月鉴临草木千江水，彻映滇南万里天。

这是怎样的一根舌头呢？翻开《滇南本草》，这部比李时珍《本草纲目》早140年的我国第一部地方性药物学著作，随便浏览便可明白：这是一根对草木性味体贴入微，能尝出原创性药理医道的舌头！

玉兰花，性温，味辛、微苦……

大狼毒，白绿杆效，紫杆无效。性温，味苦、麻，有大毒……

石筋草，性微温、酸……

石南藤，性微温，味甘、微酸……

浮萍草，性寒，味苦。发汗解毒……

地不容，性微温，味苦、辣，有毒……

槐角、槐花，性寒。角，微苦、酸；花，味苦，涩……

说兰茂的舌头深尝云南人常食常见的瓜果菜蔬、菌子、肉类之味，深入灵敏，表现出知“味”懂“道”的特点，也许并不算很困难；可是，那些从来没有被人尝过、有的甚至还从未被命名的非食物类草木、动物，尝起来的话，那就不仅仅是需要舌根敏锐了。这根舌头还必须深具冒险精神和探索勇气——我们不知那些有史以来第一次被录入《滇南本草》，并最终被兰茂明确标注为苦涩大毒的草木，当年是否让他舌重喉堵、口吐白沫，一次次濒于死亡？

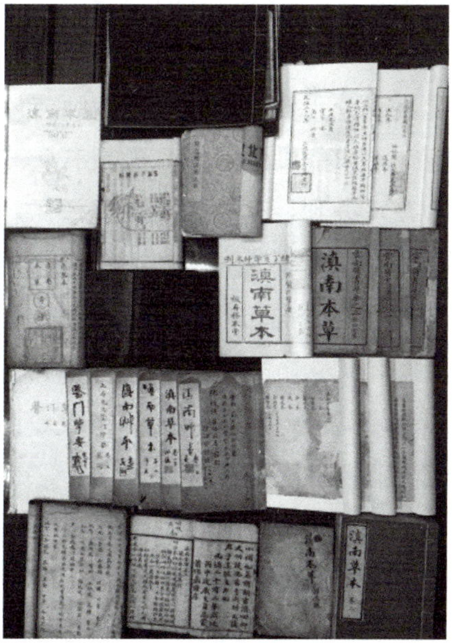

《滇南本草》各种版本

（照片由任红华医师提供）

我们必须记住的还有：牺牲和担当，构造了这根舌头的左右两侧！

这根舌头一共尝定、辨出 506 种云南地方药物，其中有些奇花异草，无始以来一直自生自灭，寂寂于混沌蒙昧之中，产于云南当地，却连当地人都叫不出名字。因为有了兰茂的舌头，从此被尝出草木的性味，发掘出自性的光彩，唤醒了医用的灵魂。

这根舌头还十分善于尝酒。

高粱酒、玉米酒、玫瑰酒、木瓜酒、黄酒、白酒、米酒、净酒、谷酒、真谷子酒、烧酒、水酒、无灰酒等，兰茂尝酒，不但深知其味，而且或引或使、或煎或点、或敷或泡，善用其法，引之入方，来广泛地治病救人。据苏国有先生在其《滇南医圣兰茂》一书中的统计，《滇南本草》中 170 种药物与酒有关，另有 214 个药酒仙方，8 个药酒医案。

“太平村酒贱，终日醉醺醺”，这根舌头还有很长的时间要泡在药酒里，不为自己口腹贪味，而为圣者浸泡仁心，疏散民间疾苦呻吟。

比起一般人的舌头来，可以说，这根舌头的命运过于劳碌，它不仅要负责“尝精映味、绞味成根”，还要一直小心翼翼地舒卷生死。

在兰茂舌头展开它一生勤勉劳倦的命运的同时，还必须配合上双手与双脚的勤快。想品尝到有些草木的味道，并非闲居在普通日常里就可办到，有时需要上房揭瓦，有时需要涉水攀岩，在这种时刻，往往还来不及完全平定气喘，兰茂的舌头就必须开始工作了，譬如：

> 瓦松，又名佛指甲。性微寒，味甘，微辛。治咽喉肿痛……
>
> 百叶尖，味酸、涩、甘，无毒，生山中石上，绿色，一条小叶，俗呼“蜈蚣草”。治一切跌打损伤，筋骨疼痛，四肢麻木，风湿脚软。泡酒服之，其效如神。敷伤亦可。
>
> 龙蛋草，入口伤人！味苦，有毒。生山中有水处。尖叶，叶上有刺，一本数枝，子黑色……此草有毒，不可入口，只可熬膏贴痈疽发背，其效如神。有识者，切勿轻传匪人。
>
> 飞仙藤，生石岩上，叶如柳叶，开白花。采服之，延年益寿，其功不小；采花治百病，即刻神效……

想尝到原产地的草木本味，摸清草木种种情性，辨得地理情形，识察脉络往来，就需要双足更加得力，近者昆明周围，远如出滇入川，甚至奔赴天竺：“金线草，今虫山甚多……马屎花，生海中草地边仙人塘、金华浦前……六阳草，生太华山顶罗汉寺……鹿衔草，出落雪厂……白云参，生金沙江边有水处……”

在兰茂的舌头与双脚之间，当然也离不开双手的串联作用。如果说《滇南本草》是以兰茂的舌头为将帅，那么双足和双手就是先锋与卫兵。

兰茂双手的灵巧度自不必说，而我们最不能忘记的，是兰茂的手指。说他书写拈棋、按琴调筝当然都无太大意义，需要特别聚焦的，当属附在《滇南本草》舌头后面的那几根《医门览要》的手指。

不久前，兰茂研究者、古琴专家兼医师任红华先生在以他的妙指给我诊完脉、开完方之后，指着一味药介绍，这就是兰茂先生传下来的，我临床证明十分有效！他同时告诉我，他十分钦佩兰茂的手指，因为兰茂的手指精妙而且独创地掂量出了医药实践的重轻，拈出了行医诊疗的主次，准确地打在了实际问题的关寸上。尤其是《滇南本草》的附方，一扫前人门户之见的陋习，敞开心胸，兼容并蓄，以病理为旨归，广泛汲取各种经实践证明有效验的方子，经方、时方、民间验方、单方，无不采择；同时附《医门览要》，首重标举脉法的手指，又特别强调不可执于一偏，眼鼻口指舌整体运用，望闻问切“四诊合参”，反复端详审察判断之后，再谨慎用药……

这些整体全局的医理观点，由手、足等全体烘托而出，而又一归于舌，言之凿凿。

4.2.3 兰茂的鼻子：英雄幻梦

与其说人的鼻子似双垂爪，我更愿说它像嵩明故里倒竖缩小了的瑶岭山，何况现在要说的兰茂就是生于瑶岭山麓的嘉丽泽畔。

兰茂的鼻子有相当大的缺陷。

不是指它的外形，而是相对于眼耳舌等器官来说，兰茂的鼻子确实算不上灵敏：尺有所短，寸有所长，这是无可奈何的事。

也许你会强烈反对这种说法，作为资深医药学家、《滇南本草》与《医门览要》的作者，没有对草木闻气识香、对病人望闻问切的基本功夫——一句话，没有一个好鼻子，怎么能办到?

是的。兰茂的鼻子在基本生活以及医学实践方面，的确堪称灵敏。不过，优点正是缺陷，哪怕只有一丝一毫，这个鼻子都太容易捕捉到人生世相的病态气息了。譬如：

> “君子功成道显，小人无地容身”“君子孤松独立，小人藤蔓相扶”“君子提携善类，小人辅助奸谀”……

可不可以说，在草木和医学上的过度灵敏，在某种程度上损耗了他的鼻根能量?

政治生态、人事俗情……在基本的功利的社会趋势和方向上，兰茂的判断就常常出错。这方面，他的鼻子实在没有办法灵敏起来。

比如功名仕进，差不多算是获取现实最大利益的唯一坦途，有些人趋之若鹜，愿意为之付出身家性命，是因为他们的鼻子堪比逐臭追香的狗鼻，能嗅出现实的要害。而兰茂的鼻子，在这方面有天生缺陷，即使有心弥补，其修为也大大逊色于一般人。

自匾其轩“止庵”，快乐隐居，甘心彻头彻尾淡泊一生、老死乡野而无识无闻？如果你认为兰茂内心真是这样想的，那就太小看他的志向了。

兰茂其实有着强烈的济世执念，内心一直纠缠着一个英雄用世的情结。

兰茂立身儒家，酷好关濂洛闽之学，儒家的学统，内圣而外王，修身养性的功夫完成，安邦治国平天下的理想必然进一步向外推演；据道家立论，兰茂自己说：“自己悟得真玄，形神保守坚全”，只是完成初步的修行准备，服务他人，奉献社会，济世救人的功德贡献，才是感悟得道的先决条件。

纯粹的清闲散人，只是兰茂处世的外在姿态和表面宣言，不是他的终极目的和追求究竟。

有相当证据表明，兰茂钻研过军事。兰茂可能自负王佐之才，很以自己的军事造诣而孤高。秋夜吟诗，一不小心就流露出自己的心事：“银汉泻清影，洗我甲兵胸。”“古来耕钓间，往往皆英雄。入为洁己士，用有康济功。我非无其才，盛世多夔龙。”《龙爪花》一诗托物寄怀，虽然潜龙勿用，而壮志几乎说破：“灵物曾遗爪，秋来亦挺妍。托根虽自地，有势欲腾天。壮气偏宜雨，潜神不在渊。夜深含露见，恍似抱珠眠。”

民间的两则传说，具体情节固然有编造的痕迹，其中两个信息点，却有高度的真实性——

一个故事说兰茂除夕无钱过年，家家爆竹声声，而他依然笔耕不已，妻子着急追问：年怎么过？兰茂答：自然而然地过。至晚仍无动静，妻子夺笔，兰茂口占一诗：“老妻除夕便喧哗，无米无柴难当家，自然而然然不去，推开窗子看梅花。”又作联语云：釜甑高悬清净日，刀砧不动太平春。横批：太平盛世。

其他不论，这个故事里的联语，对仗工稳，自是兰公的当行本色，而潜气内转、杀机四伏，英雄的孤傲自负，非是一般编造者能装得出来的气质和胸襟。

另一个故事广泛流传，即王骥到杨林咨访兰茂，讨教平定麓川之策。兰茂授以方略：“若要麓川破，船往山上过。”一些学者以正史无载而怀疑此事，认为纯属编造。不知这一话语，正因表面看过于幽默荒诞的传奇色彩而无意间广为流传，像编造，又恰恰是没法故意编造的。出其不意的突破性思维彰显的正是兵家“兵者，诡道也”的创新精神。

兰茂还著有已失传的《安边策条》一书，此书既像是军事学著作，其题目又似乎透露出为当权者操劳献计、平叛安边的用心——这已大大越出一个纯粹隐士的职分。

又如他的采药行医，留心地理，遍及全省与边关接壤之地，是否同时怀有提前作军事勘察的意思，也实在难说。

为什么这样？或许他是在明初鼎定之时，在家族屯戍的环境里，觉察到军事布局的某种危亡破绽，嗅出人心翻覆的几微，以为自己将来可能会置身干戈乱世，必须提前作好挽狂澜于既倒的各种准备。

有济世情怀，而不言利禄仕进；有英雄情结，而身享太平无用武之地。

归根到底，我们只能说，他的鼻子太迟钝！政治嗅觉不灵敏，不愿意趋大流，仰人鼻息；兰茂还过于自信自己才华的吸引力，对人情世态、俗礼凡情等庸众统治秩序的力量明显估计不足，他错判了形势。

遥想龙鳞道，朝回景未曛。
匆匆车马客，未必胜骑牛。
过眼四十九，未来难预卜，昔人当此年，仕路几反复。
男儿特立天地间，才不见用何惭颜。便当乐志老岩谷，功名未必胜清闲……

这一路的向往、彷徨，低徊短叹，就怪兰茂那个迟钝的鼻子。

即使想拼命去嗅某种“圣恩”垂青和命运转机的气息，也终于一无所获，也终于只有遗响。

有时似乎有些渺茫的希望，固然王尚书的咨访已渐行渐远，那龙太守的升迁，又到眼前。不完全是出于友情、真正的赞赏或某种感激，总之，兰茂为之填词，称圣祝颂，内容平庸不足道……

最终事实证明，他实在不具备那种钻营权力的嗅觉，把自己打造成高卧隆中的诸葛亮，等待世事不可收拾时世主三顾而出，再功成名就地登上“终南捷径”，也证明是这个有严重缺陷的鼻子引导下的错误设计。“眼空殊未见英雄”，白发苍苍的兰茂终于讲出了真话，鼻端似乎还在为此负气不休。

那又怎样？

眼空殊未见英雄，回首俄成七十翁。往事悲欢谈笑里，旧交迎送梦魂中。

还能怎样？

黄土堆谁询事业，青云路枉著功夫。流光似此能多少，笑彼唏嘘惜壮图。

剩下的时间不多了，好在此刻，鼻子里的气息，悠悠然还在呼吸往来。

百年行乐无多日，到此英雄可三思。

生就这样的鼻子，还是去多闻闻药气、花息和酒香，才是正道，才会神清气爽！

4.2.4 兰茂的眼睛：山川诗景

一番草草勾勒，兰茂脸容的大略已具。现在，是为他点睛的时刻。

眼如葡萄。

外形还好说，眼神实在没办法描绘了。唯一可以肯定的是，他的眼神，一定是活泛、清澈且灵秀的。

故里乡间，许多村子曾经都有清澈至极的龙潭，活水，源自龙潭旁的两孔龙眼。龙眼啊龙眼，一直就是这样波转不休，这样生动灵异。关于兰茂的眼睛，请允许我暂且以这类龙眼笨拙为喻吧。

兰茂睁开眼睛以前，时间封锁故里，山川大地也一直在沉睡。

兰茂睁开眼，时间与山川同时醒来。风雨四时与山川美景经交纬织，如轮如环转动，围绕诗心旋起万丈金光，那金光折射出大鼎山的律骨，嘉丽泽的波澜，海潮寺的钟韵，瑶岭峰头的意境……

青石路，绿树墙；深巷子，土瓦房；驱健犊，铃声荡；童叟歌，渔樵唱。杨林的酒香与市井的烟火氤氲出前所未有的文气——

天水相涵，单舸撑来明镜里；云山掩映，群鸦飞入画图中。

地广人稠，闻四境鸡鸣犬吠；山奇水胜，壮千年虎踞龙盘。

海不扬波，嘉丽泽波平如镜，映照南来北往的人。兰茂醉眠水边的那两块牡丹石上，石纹花瓣正深红涌现，朵朵蕊心就像一只只浸入富贵繁华的眼睛，交会着布衣兰茂慵懒闲适的眼神：

良田诗眼爱，爽气近来多……山低月上早，风细浪生迟……每乘秋雨霁，深爱晚风凉；云敛瑶峰碧，农歌早稻黄……绿荫自无炎暑，碧窗静有棋声……半启轩窗见飞雪……

断断续续的诗句如醉语如梦话，伴随他呼吸的节律从嘴角和唇边缓缓滴落。

梦到佳人谁唤起？一声啼鸟在垂杨。

兰茂偶然睁开醉眼，山川美景与人间万象便摇晃变形、坎坷不平地闯来眼里，撼动心胸，海天风云突变，命运的乌云挟裹马蹄铁敲打古驿道平仄节奏扬起的语言风尘扑面而来，海上汪洋浩荡，山中虎啸龙吟。满腹诗书吟胆壮，一襟风月酒肠宽，兰茂脱口而出，那些金声玉振的不平诗句，就畅快地散落在故里的土地上，滚落到时间的草丛中……

酒阑歌罢吊千古，鱼腹埋魂亦何如？富贵危机从古然，清醒独醉皆尘土。

兰茂长了一双诗人的眼睛，有时也如阮籍一般翻开青白。

白眼世事荒诞不平：“何彼狂驰子，日日长安道？”“眼前谁不是诗人？鱼目纷纷敢珠混！”“兰鲍不分清白混，忍将公论作人情！”

青眼山川美景风物：瑶峰日影、澄海月华、龙崖瀑布、螺埠堆兰、金马秋风、石羊春雨、蓼汀渔唱、松径樵歌；兰、松、竹；紫菊、桐、龙爪花、紫木笔、蕉……

四时轮转，兰茂游离于体制和主流之外，保持自由心态，静观万物。眼睛日日浸染在故里风光中，眼神日渐清澈闲远。

这双灵秀的眼睛诗意顾盼，为故乡山水写意，替人间草木摄魂，人我自然，渐渐打成一片，融为一体——

诗成仰天笑，庭树生清风。

一个山中野人背囊荷锄，流连在碧山中，抚松盘桓，自在吟唱，高吟低哦的歌声与行云相逐，与水流相和。

依然影影绰绰，一样云里雾里，不过，从中已经隐隐透出些他眼眉的消息了——

一丘一壑有真趣，千驷万钟非所图。不必鸣钟食五鼎，不必剑履丹墀趋。清风明月不我弃，野猿山鸟频相呼。借问松花酿酒几时熟？操瓢挈榼归来乎！

4.2.5　兼说身意：为兰茂画心

兰茂的身与意，前已略微述及，这里再简单勾勒几笔。

兰茂早年苦学，孜孜格物，十三通经史，淹贯诸子百家，旁通医药、堪舆、丹青等技，过度用功，损精耗神，兼心高气傲，常怀不平——兰茂的身体，早年未必见佳。

兰茂留心医技，起因是母亲常年病患；28 岁时，兰茂的一个弟弟已经早夭，甲辰元夕，兰茂填《一剪梅》词感怀伤吊。

生长在这样的家庭，可以推断，兰茂的先天体质不见得很好；同时，母病弟亡的刺激，让兰茂对自己的身心极为敏感，老子“吾所以有大患者，为吾有身；及吾无身，吾有何患”的感慨发问，兰茂的感受和体验一定极深。

兰茂特别留心医技。利人，也是利己，一入此门，至《滇南本草》编成，兰茂自称钻研已达 30 年。在研究本草的过程中，兰茂走出书斋，混迹渔樵，东奔西走、攀岩涉水，雨里风中，身体一天比一天好了。

随后闲适心情、体道合真，更是身心两健，日益康强。直到 70 岁尚能一气呵成写诗 10 首为自己祝寿；73 岁又作元气淋漓的《乐志赋》长文，心力未尝衰减，可以想见其当时是如何的身康体健，如何的神旺志凝。

兰茂的意识颇为驳杂。

出身军屯世家，留心兵法，难免生长些英雄意识。可是，如前所说，鼻根恰恰迟钝，眼空英雄，也成一个幻梦。

自幼攻经读史格物致知，及长益慕圣贤之道，究心关濂洛闽诸大儒理学奥堂之微，无愧儒家圣徒——可是兰茂见不惯一般儒生的乡愿假道学——“熟读五经四书，不曾行得纤须”“力学无过苟禄，著书志在求名”“唐宋以来儒士，纷纷谤佛讥仙；何不回头自省，圣道几人能全?”

因研究医技而旁涉丹道卜筮，深探植物矿物药用价值，由外丹而内丹，从“悬壶济世”到“玄壶济世”，戏剧《性天风月通玄记》、六言诗《玄壶集》，悟出身心两全之法、性命双修之理，俨然道门宗祖。

虽然家不作佛事，而自己已经博通经藏，小说《续西游记》返归内心，明了心即是佛。随缘点化度人——而一旦回归这些现象，到底让人心意难平——“礼拜劳伤五体，看经喊破咙喉；料得泥神土佛，谁来替你分忧？”“一切世间所有，都称假合虚花，如何谈空说妙，只要钱财养家？”“修行不顾双亲，养膳只知一身；享用现成温饱，耕田织布何人？”

世法纷纷，疵污经典，兰茂的意识多么苦恼：“五千四百华藏，三十六部尊经；多少些儿世法，昏于大地众生！”

哎，管不了别人了，还是自己埋首经典、身体力行吧！

兰茂在意识纷纷中，终于理出头绪，于迷茫混沌中，放出光明：

禅宗道体，一本《中庸》。
《心经》六字，即《五千言》。
六万《法华》，无非《道德》。
《悟真》本乎《参同》。
孔门妙法玄经。
执一不通，即是偏见。

兰茂在彻悟“三教同源”道理的瞬间，亡目丧耳，若有所失，于是反观内照，一时间恍然洞见自我与世界的本源。

百转千回，兰茂终于看清自己，找到自己的“心”了！

未死先须学死，在生且养其生；养生不过谨节，学死在于无争——本来面目，无灭无生。

天地缘何不死？无根无种无胎；人要学它常在，莫叫父母生来——无所从来，亦无所去。

……………

西方柏拉图把人类的精神比喻为幽禁在洞穴中的囚徒，要想获得自由，必须自己想方设法挣脱困住我们的先天锁链，让灵魂一次次地转向，一次次地回头——苦海无边，回头才能到岸。

兰茂追寻本心，少不了要突破重重牢关。

怎样挣脱锁链，冲破牢关呢？在现实中，兰茂的军事学一直无法施展，这回把战场移到人心，英雄就有用武之地了。

兰茂内心戏剧性的这一幕，有幸被他自己用独创的剧本形式留存下来——《性天风月通玄记》演出了一场降服眼耳鼻舌身意“六贼”，锁住“心”猿拴“意”马；再风月起兵，兴师擒虎，终蒙仙翁点化得度的戏剧——这个剧作后来让兰茂头戴一顶“滇中戏祖”的桂冠。

风月可以喻道，风月可以通玄。

心通了，诸法都通。医通儒、儒通玄、玄通道、道通诗、诗通韵、韵通禅……于是兰茂眼通、耳通、鼻通、舌通、身通、意通，总之，一通百通：

> 灵光现出圆如镜，顷刻间窍窍光明；黄河水升转昆仑，如今认得真玄牝。

寻到天地之根，毕竟用了些机巧聪明，兰茂觉得还没有深探到底，还不是算此心究竟。真正的道自自然，不需要人为机巧。

> 万物生生化化，四时往往来来。知得这些消息，何须巧记安排？

欲寻真心，先去非心。什么是心？当你执着什么“是”的时候，什么就“不是”。更何况溺于奸、盗、邪、淫、诈、贪、嗔、痴、慢、疑的种种心，又如《续西游记》里孙悟空一气说出的伪心、诡心、欺心、忍心、逆心、乱心、歹心、诬心、骗心、贪心、恶心、瞒心、昧心、夸心、逞心、凶心、暴心、偏心等许多心。统而言之，其中最重要的碍道之心，就是机心。

> 结识啼莺语燕，栽培万紫千红。尽把东风占了，不堪又起西风。
>
> 黑夜燃灯作昼，寒冬向火如春。夺尽乾坤造化，后天不老何人？

兰茂曾经浸淫的军事学，以诡诈机变为宗，更是机心。兰茂把自己返照内境、蠲去非心的心路历程故事化，根据元人平话，苦心续出一部《续西游记》的小说，一如当年将丹道要诀外化为风月兵事，隐括了自己的追求心事和悟道过程：取经归来的唐僧师徒，在被如来收缴了一切兵器后，还要面临来路时的妖魔鬼怪，孙悟空只得靠自己的聪明机变，凭一颗机心与妖怪周旋，逆行之路一样困难重重。孙悟空经过一路的洗心涤虑，机心退时诸魔歇，真经到家自心明，孙悟空完全放下机心，当下清净，得证菩提——至此，不知有心还是无意，兰茂的一系列军事著作，的确应该失传了。

他的心非是这些，他的心亦是这些……

> 月到花前弄影，风来水面生纹。相有诸般变化，一无何所云云。常应常净，常清净矣。

以上各部分的勾勒，大体合成了兰茂这个人的基本轮廓；这个轮廓只搭成思想的骨架，难以附上兰茂的肉身——也许和真正的兰茂还相去甚远。

兰茂形体康健，但并不见得伟岸美观；兰茂关心身体，但更致力于忘形灭智，游心大道。

六百年前，一张描绘兰茂真实肉身的画像摊开在他的面前，忘形骸、空心性，早已绝圣去智了的兰茂面对自己的画像如晤他人，如对浮尘泡影，幽默地写了一段《自题像赞》，我们就以此来收束对兰茂个人的勾勒工作：

> 形骸猥琐，我问是谁？人说是我。又没甚道骨仙风，又不事雪窗灯火。花月之妖，为何藏躲？万灵之英，为何虚左？泛泛尘缘，茫茫因果。闲坐对青山，无可无不可。

4.2.6　尾声：兰茂的翅膀

“一因万以生异”，当兰茂不再是一个人的时候，他长出了翅膀。

兰茂不再是一个人。他独善兼济，代表的是一种生活态度。完成一切使命，实无一切使命可以完成。鲲化鹏鸟，逍遥自在，不长出翅膀，难臻此境。

“身闲颇似无花树，心死犹如脱壳蝉”，兰茂真正放下功名之念，一切无所系心之后，他的名声反而越传越远，人们需要某种精神寄托，附会让他羽化成仙，“兰仙人”的名声就是他身后展开的翅膀。

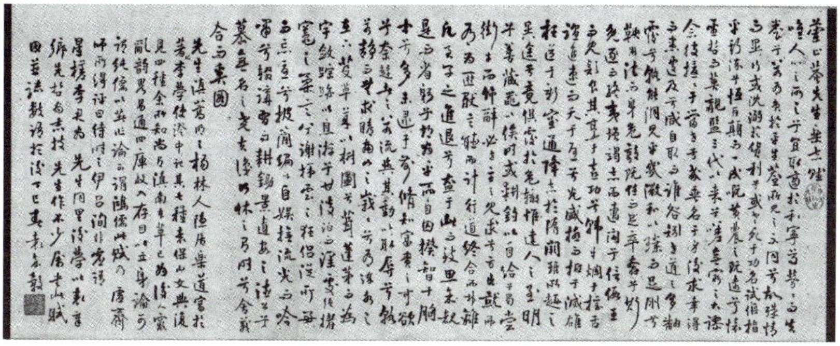

嵩明文管所藏袁嘉穀先生手书兰茂《乐志赋》墨迹

长了翅膀的兰茂成为传奇。在民间，有近 60 则“兰仙人”的传说，越传越离谱，在历史的迷雾中，兰茂渐渐看不清原貌。

兰茂不再是一个人。他的身体散播嵩明大地，滋养了故里的众生。

他死后，嘉丽泽畔，小街小瑶岭山上结起一个庵来，三界空花，庵又何有？庵名就命名为“何有”。

主持白斋师傅，终身勤而不怠，得了兰茂的手足。他随身携带一把扫帚，每周赶一次兔街，每走一步都要先将地下扫净。白斋手下锻炼出一大批杰出的徒弟，本峰、本悟、本帖，名僧辈出。

何有庵大阐音韵学，号称“音韵通禅”。大开一门深入、耳根圆通的观音法门，在“禅韵相通”这一点上，何有庵得了兰茂的耳朵。

本悟在兰茂《韵略易通》基础上，改编、增删，又撰出一部《韵略易通》，成为在兰茂之后又一个名标音韵学史的音韵学大师，本悟临终书偈一首端坐而逝：“多年负一没弦琴，和水和泥话废兴；今日当堂轻放下，人间天上尽闻音。”嗣后又有通雷寓禅于韵，解人渐少，所著音韵学《捷要易通》于是失传。

受名士李元阳延请礼聘至大理，本帖深解《楞严》，教化四方。临终偈语似乎悟到了兰茂曾经的去处，即前引兰茂《玄壶集》中“天地缘何不死？无根无种无胎；人要学它常在，莫叫父母生来”的那个地方。其偈言：

“性无加减岂悟迷？本非来去巧妆奇，几回幻尽心圆寂，坐脱娘生铁面皮。”本帖可谓得了兰茂的意。

紧随兰茂的杨林隐士贾惟孝得了兰茂的眼眉。贾诗清隽过于兰茂，大名鼎鼎的状元杨升庵专程来访，题诗相赠：“兰叟和光卧白云，贾生东晦挹清芬；何人为续嵇康传，题作杨林两隐君。”贾惟孝人品高洁，隐居求志，工诗、善医，亦有精深理学造诣，不唯得了兰眼，因其心相通，连其舌鼻身意一起兼得，大有后来居上的气势，于是兰贾并称，光泽乡里。

不用说，以兰茂医学传人自居的杨林世代医家管氏，得了兰茂的舌头和指头。杨林水官街的商人陈鼎也分得兰茂舌头的一部分，他尝出了兰茂“水酒十八方”的滋味，经过几十味中药的精心调制，一种叫作“杨林肥酒”的绿色酒品飘香四野、醉倒来客。

近代一批投身军政两界的杰出人物，如追随孙文，以《云南》杂志、制造炸弹、著《立体战术》闻名，后又拙于权力纷争远离政界，专心治水服务乡梓的赵伸；参加护国运动，为蔡锷著《蔡松坡年谱》，后来心移文史，编辑《杨林两隐君集》的陆军旅长李文汉；嵩明第一个共产党员，早年投身革命轰轰烈烈，最后以治水为己任的李少竹；以及许多身在官场却心怀隐志的嵩明人，他们在现实中才干杰出，却始终不合时宜，难入大流。

有些遗憾，这些人显然是分得了兰茂的鼻子。

最为幸运的是，越来越多的乡人得到了兰茂的眼睛。“嵩州代代出诗人”的说法在民间广泛流传，诗风词韵，历代吟咏不绝。杨思诚、戴秉经等人诗眼观世，清隽秀逸。2013 年，“嵩明诗歌”崛起为昆明地区独特的文学现象，3 月，昆明作家协会在《昆明作家》杂志上发布了一份由李泉松执笔的《嵩明县诗歌现状及发展调查报告》，

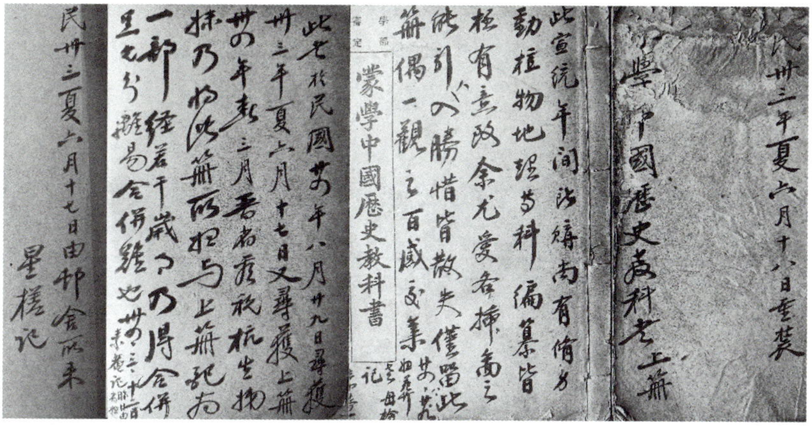

本书作者私藏李文汉先生自跋《蒙学中国历史教科书》墨迹

报告指出嵩明有 200 多人从事业余诗歌写作，其中从事现代白话诗写作的约有 120 人，“承袭兰茂诗韵，寓表当代生活，这正是一批嵩明诗歌作者的当下实践”。该报告中分析总结出嵩明诗歌“接地气、有担当、平民化、多样化”的特点，并建议昆明市相关部门着力打造“嵩明县诗群”，将嵩明 10 余位成熟诗人与昆明市其他郊县区的 10 余位诗人合并为“昆明诗群”的文化品牌，实施向国内更高平台推广昆明文学的计划……

兰茂的医药、音韵、诗文、戏曲、小说、哲学等心迹留痕，他的眼耳鼻舌身意在他身后分诸众人，散播各地，演化为具有各个分支各个领域的“兰学”。与此同时，他的翅膀越长越大，名声越来越响。

20 世纪 80 年代，地方文史工作者从白邑黑龙潭张宗亮道长处访得一份其宗门道派流传下来的《止庵诰》。展开这份珍贵的诰辞，兰茂就扑腾起他漂亮的翅膀。借此，我们可以一窥神韵，并顺便为这篇文章煞尾。诰曰：

瑶山毓秀，滇海钟英，芹泮流香，杨林设教。文赋诗词行之如流水；荣华富贵视之若浮云。借箸运筹，比子房决胜千里；席珍待聘，似孔明高卧一庐。咏《性天风月》之诗，克宣妙蕴；

著《滇南本草》之集，足救沉疴。京邸远游而卖其神卜，家书遥寄而露其仙踪。昔采药于铃山，遇仙得道；今司籍于桂殿，赞化调元。嘉意梓桑，时临乩相；爰引儒门后进，常垂妙正真诠。协理龙沙，恩周中外。大悲大愿，大圣大慈，明儒真仙、止庵先师、桂宫典籍仙卿、通玄妙道天尊。①

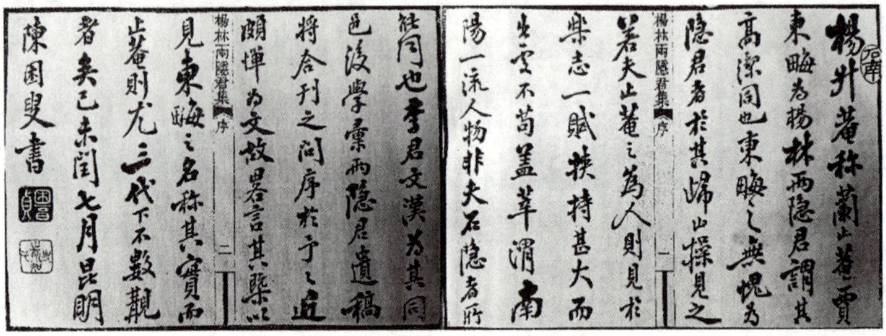

陈荣昌先生行书序《杨林两隐君集》

◎ 4.3 诗的教育与观念重建

4.3.1 敬畏与谦卑：诗的教育启示之一

一首诗，不是简单的一堆普通文字表达的常规信息，里面渗透着某种我们从来没有接触到的非常新鲜的灵魂。像骆宾王、顾城以

① 说明：《止庵诰》未见原作实物或图片，本地文史资料中相关文字整理错讹严重，难以释读。错字最明显者如“爰”讹化为“爱”，“后”讹化为“俊”，可以肯定是不识繁体写法致误，这里的引录系本人依据内容及自身文言语感重新改正，标点识读者，只对自己的理解负责。另有前引《玄壶集》诗句，多有意思、声韵不协调处，疑流传刊刻有误又暂无证据者，亦根据本人理解作同样的处理。如“教人怎结灵胎”的“胎”原作“丹”，“鱼目纷纷敢珠混”的“珠混”原作“混珠”，“看经喊破咙喉”的“咙喉”原作“喉咙”。请读者及征引者批评明鉴。本文在前人研究基础上完成，文中所引资料及部分考据观点特别得益于于乃义、容津蕃、许福荣、苏国有、陈万鸿、肖荣、曾刚、吴彦宁、李静等兰学研究者对兰茂资料的收集整理、研究考辨工作。因源流难辨，无法在文中一一注出，笔者在此特别致谢平生阅读浏览过的一切与兰茂研究有关的文字的作者！

及其他小朋友成功完成的“孩子们的诗”，中外古今，例子多有（示例见附录）。这些诗无比生动地阐释着什么叫作“赤心之心”，什么叫作“诗是最清白无邪的事业”。历尽教育“沧桑”，知识和经验无比丰富的理性成年人一旦读通它，定会茫然若失，可能瞬间就抖落了心上的灰尘、积垢。“孩子们的诗”带给我们的教育启示就是：我们突然发现成人自以为是的那种聪明，被知识武装起来的头脑，在世界上受人的一种尊敬，对世界人生的那种把控能力，在这种孩子随随便便张口说出来的话语面前，仿佛突然失去了它的效验。孩子得到这个“诗性”，又来自某种更神秘的源在，所以我们会对那种更神秘的根源产生深深的敬意和畏惧之感，在这种情感的冲击教育之中，我们可能逐渐学会了谦卑。有了这种谦卑，我们才会放下成人的知识偏见，放下曾经的理性傲慢，重新打量这个世界，重新刮垢磨光，反思我们得到知识的方式，然后学习怎样谦卑地面对这个世界，包括面对自我的生命禀赋。

这里稍微做一个补充，这种神秘来自某种天才。康德在他的《判断力批判》里边说，所谓天才，就是他能够在作品中像自然那样，也可以说像神那样给出规律表现，而这种规律表现是带有典范性的、根源性的那种创发力，这就叫作天才。我们常常说一个人很有天赋，何为天赋？天赋就是它不是人后天习得，甚至也不是人说我想要就要，它只能是一种等待状态，由某一个东西给你，天赋给你。因此，诗歌，我们可以把它理解为大自然赐予我们、赠予我们的礼物。我们只能在合适的时候，非常神圣地接受它。不能够去控制主宰，去说我要你怎么怎么样。我们不可能说：这个世界我要有光，它就有光。光什么时候来临，我不知道，我得等待着，这个就是诗歌的“神”。

诗歌的“秘”，是一种秘密，它有某种我们无法用科学、无法用头脑解释的东西，就像康德讲的“物自体”。这个世界永远有我们不能理解、不能解释的那一面，今天我们已经忘记了这个伟大的提醒和洞见，我们的科学理性比较发达，操作、控制的思维深入人心，仿佛觉得大自然的一切，我们都可以掌控。事实上，诗歌告诉我们，其实这是一种现代人的理性的傲慢。我们不得不承认，大自然有远远高于人类的智商。诗歌就告诉我们，在科学一路凯歌高进的过程中，在我们仅仅接受这种思维的过程中，还有外于我们控制、外于工具理性、外于目的设计的某种诗性存在，它是反控制、反工具理性、反目的设计的一种秘密。那么，诗是知识吗？诗不能脱离知识，但是它不是知识。你想靠知识来把握诗歌，比方说我今天给大家讲讲诗歌的知识，大家就懂诗了，这是不可能的事情。我们能用知识讲出来的东西，更多时候是在表达一种知识的独断，用康德的哲学来讲，我们对知识的探寻是依靠一种“纯粹理性”。诗歌也不一定是成人世界的那种复杂经验，所以说我们对生活的理解、生活的经验比孩子们丰富得多、复杂得多，但是在诗性的感觉上反而不行，写诗就不一定能超过他们。因为这种复杂经验不是原始的纯粹经验，这种成人世界的经验，用康德的理性来讲，是“实践理性”，和孩童审美直观的经验是完全不同的类型。

如果说科学知识或者教育更多指向知识界，是纯粹理性管着的自然界，那么，伦理学、意志力指向的是实践理性管着的自由界。有没有可能在这两者之间能够找到第三条路沟通两者呢？康德找到的就是审美判断力。他认为这种以诗性为代表的美感，这种审美既不能用知识的方式去揣度，也不能用实践的方式去把握，它涉及一种品味鉴赏力，这种品味鉴赏力可以沟通自然和自由，它不排斥这两界，又有高于这两界的东西，最后可以合成一个完整的人性里最微妙的部分。换句话说，诗连着我们人性的神秘，是一种知性的本源声音。

4.3.2 崭新目光、当下涌现：诗的教育启示之二

诗的教育启示的第二点，就是诗歌始终给我们崭新的目光，诗歌始终告诉我们世界需要一种当下涌现的生生不息的信念。比如这两句，是我的《马村记》里面写的：

轿车在一截树枝上来回奔跑
速度成一滩蜗涎……
天桥上，飘过几片女人

我曾经在一个半山上看昆明城，在我的眼前有一束花，风一吹，花朵簌簌往下落，从横着的一截树枝看过去，看到马村立交桥和树枝合在一起，远远的立交桥上的车像蜗牛一样就在树枝上跑来跑去。然后天桥上有两个女人出现在我的视野中，在飘落的花瓣里面往前走，她们穿着红色的衣服，和花瓣一样大小，于是我就得出了这样的印象。我没有用“个”而用了“片”，仿佛第一次睁开眼睛看到这个新鲜的世界，新的经验正从大地上涌现出来。

再来看王维的诗，“漠漠水田飞白鹭，阴阴夏木啭黄鹂。”美国有一位叫弗罗斯特的学者说：诗是什么呢？诗就是翻译过程中被漏掉的东西。

好多人喜欢把诗歌古文拿来“翻译”，以为掌握了白话“翻译”就掌握了诗。实际上如果你固守这种观念，并将它拿来当作学古文和诗歌的唯一方法，是完全不得要领的。好的诗文，内容即形式，二者高度统一，是一次性完成的。形式上的翻译变形只是一种笨拙的辅助理解手段，要正确理解它，就必须尊重它的原始造型。这种一次性完成的内容与形式高度统一的原始造型是唯一的，不能动的。不但字不能随便改动，比如“鹅鹅鹅”，字数不能加也不能减，甚至于句子的结构和先后次序，也不能变。

比如这一句：“漠漠水田飞白鹭”。

这是写什么场景？漠漠水田上，飞起一只白鹭。用翻译思维来说，这个回答好像没有问题，但是细看原始文本，如果这样讲是允许的话，等于我可以把“白鹭”和“飞”的顺序颠倒一下——“漠漠水田白鹭飞”，来满足翻译的理解。

大家细细参究：这样改变语序后，原诗的客观信息好像没有受损，而且更符合翻译句子的理解了。可是实际上这句诗受损了，简直伤筋动骨。一翻译，客观信息似乎没有受损，可是“诗”不在了，

“诗”的最微妙的意味、最具有创造性的思维不在了！

他是怎么写的呢？一个一个的汉字出现在我们的眼前，是线性排列的。在这里，每一个汉字的出场好像是一个镜头语言的推出，它们线性排列，就成了连贯流畅的镜头组合：“漠漠”先出来，好像是一个镜头，你不知道是什么“漠漠”，一派浑浑茫茫的模糊整体。镜头再拉近一点，“漠漠”之后紧接着是“水”出现，你发现刚才的“漠漠”原来是一种“水”的远景直观。至于这个“水”到底是水盆里面的水，还是池塘里面的水，还不知道。再拉近一些，“漠漠水”之后“田”字出来，我们看到了田埂，知道了昏昏暗暗的水是在“田”里面。一望无际的田野成了镜头的主体画面，这是静态的画面。在静态的镜头里突然出现了动态，一个动点，就会把我们的视线吸引过去：“漠漠水田”之后紧接着的“飞”字打破静态叙事，我们看到了一个东西在“飞”。当动态把我们的视线吸引过去的时候，色彩总是先进入我们的眼睛，引起觉知，于是我们就看到了“漠漠水田飞”之后的“白”。这个时候，“白”不知道是一张白纸，还是白塑料袋，还是一个白的什么东西，要寻找理性答案，只有紧追细看。这时，我们发现这是水鸟，再细观，理性思维随之，我们发现是一只白“鹭”。这就是“漠漠水田飞白鹭”原始造型的严格性和唯一性。

这句诗如果改成“漠漠水田白鹭飞”，就是事先我已经知道了一只白鹭将要飞起，或者是我跟别人讲述已经过去的事实，“白鹭”在这种过去完成时的讲述中已经没有谜团了，这就没有“鹅鹅鹅”及“曲”的那种无预设的偶然惊喜。这里的“飞”也一样，我们以为是故意造作的倒装句式，实际上诗人的天真目光告诉我们，这才是现象涌现、世界正式发声的“逻辑”。而我们说“漠漠水田白鹭飞”，已经是用我们的理性逻辑，对世界发生的逻辑进行了整理，也就是说用后天的人为的理性，把事情本身的天然状态给污染了，把天然秩序给搞乱了。这就是“漠漠水田飞白鹭”的诗性创造，即“禅意”所在。它是永远的现在进行时，是当下即是的事物涌现瞬间。因此这句诗中的汉字排列次序，一定不能有丝毫的改动，任何翻译如果最终不返回原文，都是误解，都是诗的死亡！

再来看一看我的老乡、嵩明兰茂的弟弟兰廷瑞四首诗中的一首，我把它称为“滇诗里的一道天才闪电”。

这首诗叫《冬夜》：

枕上诗成喜不胜，起寻笔砚旋呼灯。
银瓶取浸梅花水，已被霜风冻作冰。

说他在枕上写成了一首诗，高兴得不得了，起来大声招呼家人点灯，自己寻找笔墨纸砚，想写诗。但是写诗需要水磨墨，在灵感的催动下，他急急忙忙，顺手把旁边装梅花的银瓶拿来——他知道里面有水，想弄一点水磨墨，结果发现水没了。这时候他很惊讶，原来水已经被一夜霜风冻作冰了！

很了不起的一首诗。大自然步步引导他，给他惊喜，给他意外，给他涌现……当他经历了获得一首诗的灵感，并准备把它记录下来的这个激动人心的抓捕过程，最后蓦然回首，大自然给了他一首更大的诗，这首大诗消融了他原先那首诗的人为造作性，当他放弃前一首诗时，这个放弃的行为与先前寻找的过程，就构成了天地间最为自然的一首大诗。这是多么独特的世界！而他看向世界的目光再一次被更新，这就是崭新的目光。

教育和诗，还有很多很多相似之处，它们之间，也有一些永恒的争执。我们来读读这两首诗。孟浪的《教育诗篇》：

猛虎在经历它的诞生：
幼兽啊，你在我怀中的柔情
因短暂而变得珍贵。

猎手在经历他的诞生：
我来到世界睁开的第一眼
不是瞄准。

猛虎的第一声哭
比想象中的还真
猎手的第一声哭
我自己也曾经发出：

幼兽啊，让我和你一起成长
然后各自走向相反的方向

猛虎随那绝美的兽性永无踪迹
猎手，如果是我
就被野蛮的人性葬在不朽中。

“猛虎在经历它的诞生”，猛虎诞生的时候是在人的怀中，它是有柔情的，这个柔情很短暂，它将要长成猛虎，所以它短暂而珍贵。

猎手也经历他的诞生，但是睁开眼的第一眼，不是学瞄准。他也是和猛虎一样的状态，原始的状态。“猛虎的第一声哭，比想象中的还真，猎手的第一声哭，我自己也曾经发出”，这时候，人与虎同时生长，但是各自向相反的方向：猛虎走向野性，我走向猎手。最后我学会瞄准了，我一枪把猛虎打死——猛虎曾经野蛮，我在文明世界当中，消灭了猛虎，我其实比猛虎更野蛮。

因此，我就在野蛮的猎手人性中创造不朽，这种不朽埋葬了曾经原始而美丽的那个最初的我。这首诗好像是写人和野兽的美，可是它的名字叫《教育诗篇》，它告诉我们，在一生当中，我们有两种武器，每个人生来是一只虎和一个猎手的合一。结果教育过程就是，用文明的知识的东西，慢慢地把这种原始的心性之路关闭，最后成长的结果、成长的代价、教育的代价就是：一枪瞄准了天性当中的混沌的猛虎，把它打死。从此僵化成为阿尔库塞说的“单向度的人”。我们已经找不到幸福，只会停留在那种虚假的幸福感里，过只有一个维度的生活。

4.3.3 以诗的名义进行统整

诗，人们对此并不陌生，但又很难说得清楚；这种总是在某个民族语言中表现为凝固形态的语言建筑，在一般人眼里，似乎是只与某些特定人群相连的特殊言说。诗“意”可能洋溢于生活，却是与现实人间烟火相悖的浪漫“远方”，最多只能算是人生中的偶然。要说诗与教育或课程的关系，无非只是某个特定科目，如语文中的局部内容。一般人的这种认识，不能说毫无道理，不过却忽略了诗的存在起源，连同它与每个生命及其教化成长之间息息相关的自然本性。

诗是一种语言的言说，但不是简单的言说。从起源处推测，诗饱含着召唤的魅力，它是心灵在具体生活世界中的突然“出神状态”，是对存在的神秘领悟和经验整体的再次指认。诗，无论是抒情还是言志，认体或者说末，它都源于人类的共通感，这种共通感指向了人的审美判断和意义反省，事关人的幸福和自由、终极目的和根本价值。这种审美判断和意义反省，就是人作为一个文化整体从自然界跃升，与动物真正区分开来的文明尺度中最为关键的一环。换句话说，诗所承载的这种性质，确切地说，这种诗性审美之质就是人本来具备的性质，是人之所以为人的应有之义，亦即终极价值蕴涵。

自然界的存在本身不一定需要人，而人却必须因自然而活。世界没有完全呈现为“天地不仁”“万物刍狗”的纯粹荒野面目，就是因为人生于其间，可以利用大自然的条件进行自我保存、寻求意义定位，“设身处地”地给世界一个意义和目的。康德认为可以把人理解为“自然最后一级的目的”，而这样理解是因为人生命中有文化性，即有可教可化的自然性能。人作为文化的智慧生命，不是因为自然，而是因为自由。人依自由意志而自我立法，行动创造，才能以“止于至善”的目标，而成为创造的“终极目的”[①]。

---

① 康德. 判断力之批判 [M]. 牟宗三，译. 西安：西北大学出版社，2008：436－437.

这个永恒的立人之本，是在人的本性上真正让人安身立命的“终极目的”，必然要通过文化教养中的审美的“反省判断”，也即通过教育的作用过程，才可能将自然人一步步推进道德存有，最终形塑统整为即真即善即美的文化圆融整体，达到“为天地立心”的目的。

人应该以怎样的状态度过一生？这不仅是哲学追问，也是教育母题。苏格拉底需要透过理性之智的审察，尼采则以接近康德的思路断定：世界若不以审美的面目展示给人，它就是毫无意义的。诗，不仅仅是作为一种文学体裁，它的精神内核——诗性，毫无疑问应该归入人类的审美领域。审美，这种人类最本真的无目的、超功利的愉悦游戏，以其让人沉浸于经验的独特方式，在根本上、终极上阐释了人的存在价值、目的、意义及尊严；同时，还以其独特的美学反省判断，伴随着人类的知性在概念求解中“以美启真”，襄助着人类的理性在道德实践中“以美储善”。这也可以解释为什么理性冷静的康德会对审美投以最后的、集中的关注，力求以审美沟通、融合纯粹理性与实践理性，从而完整阐释一个文化整全的大写的“人”之义的原因。

诗，诗性，审美，这些源于同一实事根源的不同的词汇，指向一种特殊的体验与把握世界的方式，它是如此具体、新异的经验，一种特殊、主观的视角，一种无目的、无功利的追求；然而，它又不同于一般的没有证明力的个体偏执，而是同时建立在人类共通感、文化的共同体上的超越升华，一种具有普遍性和必然性的相对客观“妥效”的鉴赏品味。“人，充满劳绩，但诗意地，栖居在大地上。”当荷尔德林这句激起人们普遍共鸣的诗句，被海德格尔接引到哲学中表达为人“诗意栖居”的存在论断时，在存在主义的地基上，诗及其诗性审美就可以与人的教育在自然本性的深处联系起来，一起被拉回思考的视野。当教育以课程来实现的时候，课程就能够以诗的名义，重新获得一种根源意义上的理解与定位，并在“诗性统整”的这个意义概念上被进一步讨论和表述。不过，需要说明的是，“诗性统整”这个概念，不是纯粹来源于某种向壁虚构的理论概念推衍，而是基于笔者高中语文诗歌教学的反思性实践视角，深深植根于作为从教近 20 年的语文教师的课程教学统整的生活经验与生命体验……

总而言之，诗性即人性，尤其是人性中可感通、可教育的核心审美成分。形而上地说，诗性统整即是关注人性中这一审美核心，并与之作为统整手段去加深、重构对人、对课程理解的一种教育思想方案。诗性统整的实质是作为一个统一体的人的真善美合一的教育自性——“内在教师”的审美显现①，这种审美显现，是以“内在教师”“美之美”为核心，融合了“真之美”“善之美”的审美统整状态。

事实上，课程统整的理念并非什么绝对新鲜的产物。来自机能心理学上的“统整”这个词，说明的是个体与环境交互作用所产生的成长、发展及改变等过程，而作为其课程统整思想的“联结”观念可明确见之于赫尔巴特关于教学内容要“一致”与“关联”的思想，他提出的“集中中心说”，即把人文学科作为各科的教学中心，使其他学科教学围绕人文学科进行②。这一深具启发性的统整洞见，因其被后人普遍误解为知识或学科本位的保守僵化思想而

---

① 内在教师与外善知识，是笔者从禅宗教育的“善知识”中抽绎、转换出的一对教育理解概念。其中，“内在教师”带有一定的心理学色彩。世间能给人教育启迪、具有教育意义的知识环境和一切人生善恶事相，都是人的“外善知识”，它与“内在教师”本质同源，互相映射、互为镜像，是“内在教师”的物化或外化状态。从主体学习的角度而言，人人内心都沉睡着一个“内在教师”，它是在“外善知识”的映照指引下，剥离了现实教师的外在形象而在自性中建立的理念实质，是通由知识内转和个体心灵通道而“顿悟”的教育自性真面目。它是“外善知识”的内在根据，是外在教育目的和内在最高自我合一的教育终极根源。教育的根本目的，就是要通过“外善知识”的不断做功，而使“内在教师”得到彻底的觉醒。详见笔者 2017 年撰写的云南大学教育管理专业硕士论文《化城的庄严——禅教育法研究》。

② 赫尔巴特. 普通教育学［M］. 李其龙，译. 北京：人民教育出版社，2015：22.

被遮蔽了。

无论是作为统整的核心，还是其中重要元素，都能让我们清楚看出，当课程以人来统整时，与人之存在紧密联系的诗性，就是必须考虑的重点。在一次次的教育改进和课程重组中，经验总在提醒人们不断地回归人性，回到人本身。当课程与人紧紧相连，最需要反复追问的也许还是“什么知识最有价值?”或“什么是最重要（最有意义）的东西?”

诗性是人的课程中最重要的东西，但不是唯一的东西，所以需要“诗性统整”。而许多课程统整的不切实际不是忽视了传统的力量，就是过分忽略了学科的相对统一独立。尽管我们有一万个批评学科独立、自建壁垒等弊端的理由，但如果彻底取消学科，完全不依赖学科，那也容易流于少数倡导者的自说自话的想象性蓝图，没有具体而深厚的学科背景的课程统整，是难以迈出坚实的步伐的，尤其是“诗性”这种与民族文化和具体语言密不可分的事物。

所以，我们要因此转向对中华民族的汉语诗性传统考察，并且将要让诗性及其统整降低其高蹈的姿态，慢慢落实在一个具体的科目——语文——中来，由此才有望将“诗性”视为“语文”这个课程中一普通学科的媒介特质，和深刻领会、统整这个学科的特殊手段，并尽可能将这一从人及课程本性中带来的特别优势，扩展到所有学科、惠及所有的人。

中国文化的审美总是向着“道德的形而上学”而透视。[①] 也许是因为中国人的思维和语言特具诗性因素，中华民族以诗为媒，早早就踏上了一条独一无二的以诗性审美的立身之路，那就是中国的古典诗教。

中国是“诗国”，这种说法是相当真实的表述，几乎没有修辞夸张的成分。从远古先民自发的歌唱吟咏，到《诗经》《楚辞》的自觉

① 康德. 判断力之批判［M］. 牟宗三，译. 西安：西北大学出版社，2008：7.

源头开始流泻出的唐诗、宋词、元曲等各式形制的澎湃浩荡的诗歌长河曾经深深灌溉、滋养了这个民族。以至于在2020年抗击新冠疫情期间，当日本的支援物资上出现“山川异域，风月同天”“青山一道同云雨，明月何曾是两乡”等这些古老的诗句时，会触动中国人的集体潜意识，在强烈反响中激发出许多中国人普遍的“诗性记忆”与“文化乡愁”，让人们再次咀嚼回味古老民族“天雨粟，鬼夜哭”的仓颉造字开端的伟大神秘。

诗人于坚在接受采访时的感叹很具有代表性：

> 山川异域，风月同天。多么直接而有力量，宽阔，悲天悯人。幸好这种文的黄金时代的语言生命力强大，在悲剧中再次听见，如闻天籁。
>
> 古典文学是知生的文学……这种旧句出现在此刻，相当凄厉。它暗示着对生命对存在的思考……深刻的文明无不是对虚无的提醒。
>
> 最近一个多世纪，汉语经历了自诞生以来最激烈的颠覆运动，几乎倒塌，但是它站住了，再一次实施拯救。如果说我对存在还有信心，那么只是对汉语的信心。

他同时发出警告并表示了担心：

> 汉语本是仁的语言。我担心的事情是汉语最终将失去。这种毁灭汉语的力量……一直存在。汉语是一种血缘性语言。失去了汉语，也意味着文明的消亡。语言决定一个民族的质量。①

上引于坚的长段表达，或许带有情感因素，不算严格的论证，但他对汉语的诗性定位以及中国古典诗教特点的准确说明，为我们思考作为“教育”的诗歌与作为“国语”的汉语之间的复杂统整关系，提供了一种启发和镜鉴。沿此思路，我们需要上溯源头，进一

① 张进. 专访诗人于坚：如果不写，才是灾难 [N]. 新京报书评周刊，2020-02-26.

步厘清中国古典诗教的相关理论内涵。

如前所论述过的那样，作为一种古典的“课程统整”方式，“诗教”这个词不仅仅是“诗歌的教育”，更是一种课程的思想。它源于诗歌本身，又超越诗学，指向育人，综合为一种独特的教育课程概念。起源上与西方相似，诗歌的出场，带着先天的统整色彩：不但诗巫同体，而且诗、乐、舞、歌与祭祀礼节等活动也是密不可分的整体。较早的与“诗教”有关的“诗言志”说法，就文献材料看，一见于《左传》襄公二十七年中赵孟同子展等七人赋后的“诗以言志”表述，一见于《尚书·舜典》中的“诗言志，歌永言，声依永，律和声；八音克谐，无相夺伦，神人以和”①。作为六经之一的《尚书》本是上古文献的整理发挥，由此可见“诗教”的起源可追溯到上古三代。虽然如是，当它出现在《尚书》中时，已可看出后世“诗教”的端倪：它不仅仅是抒发个体情感的文学形式，而是包含着“教胄子”等文明引导教化意图在内的诗性统整。正如王夫之指出的那样：“以诗言志而志不滞……且夫人之有志，志之必言，尽天下之贞淫而皆有之。圣人从内而治之，则详于辨志；从外而治之，则审于授律。内治者，慎独之事，礼之则也；外治者，乐发之事，乐之用也。故以律节声，以声叶永，以永畅言，以言宣志……先王之教，以正天下之志者。”这种诗性统整里蕴含的育人根本原则才是核心关键，而不仅是徒具空洞艺术形式的个人化随心所欲的文艺本身：“今使任心之使志，言之所终，率尔以成一定之节奏，于喁呕哑，而谓乐在是焉，则蛙之鸣、狐之啸，童稚之伊吾，可以代圣人之制作，然而责之以直温宽栗、刚无虐、简无傲者，终不可得。是欲即语言以求合于律吕，其说不足以立也，明甚。”② 换言之，言志之“诗”尽管以声律语言的文艺面目出现，其实是圣人为德性培养的育人“课程统整”、文明教化的“制作”。而据杨树达等学者训诂考证，在

① 李泽厚，刘纲纪. 中国美学史：先秦两汉编［M］. 合肥：安徽文艺出版社，1999：105.

② 王夫之. 尚书引义［M］. 王孝鱼，点校. 北京：中华书局，1962：15－16.

古代，“诗”与人的“志”几乎就是同一个意思，《说文解字》直接将“诗”训为“志”①；孔颖达则以“承”“志”“持”对“诗”作“一名三训”②。

何谓“志”，现代新儒家宗师熊十力先生曾十分服膺王夫之的解释：“志者，心之所存主。”认为“存主”之义为正解，如孟子“人之所以异于禽兽者几希，庶民去之，君子存之”及诸葛亮“使庶几之志，揭然有所存”③。在人的精神世界、心灵性情中凝聚一主导性的美感，并且葆有持存之，以别于禽兽与庶民的某种超越性、高贵性，这种“持”的动态实践过程及“志”的整体心灵状态的合一之美，即是古之“诗”义，也即古之教育成人之义——君子。孔子十五而“志”于学；王阳明所谓“持志如心痛，一心在痛上，岂有工夫说闲语，管闲事？”④ 都是儒家之学，首在立志之义。“三代以前，诗教未尝不广也”⑤，严格说来，中华古典“诗教”是歌典范性的概念，不是指一般诗歌的教育，而是特指脱胎于比较有“学科教育性”（赫尔巴特语）的作为“经”来尊崇的《诗三百》，即后世称为《诗经》的教本之教。从一般诗歌教育到《诗三百》的《诗经》教育，再到作为一种教育独创形式的“诗教”，这种教育升华和飞跃的特色形成，几乎都应该归功于孔子。这一点，只要熟读《论语》就不难体会出来。

尽管诗教传统并非孔子所建，而其典范性意义，只有在参透“诗”之“承”义，“述而不作”的孔子身上才能得到集大成的说明。可以说，正是承续着文武周公等“先王之志”、继承着伟大的诗教传统，教育家孔子才删《诗》定礼，自觉将诗教提升到儒家

---

① 吴小锋. 古典诗教中的文质说探源［M］. 上海：华东师范大学出版社，2016：111.

② 马飞骧. 诗经缵绎［M］. 北京：中央编译出版社，2019：1.

③ 熊十力. 十力语要［M］. 上海：上海书店出版社，2007：79.

④ 陈荣捷. 王阳明传习录详注集评［M］. 重庆：重庆出版社，2017：52，92.

⑤ 章学诚. 文史通义校注［M］. 叶瑛，校注. 北京：中华书局，2019：92.

"六艺"之教之首。他以《诗经》为课程，首先通过《诗》之"兴观群怨"的整体教育手段，统合《书》《礼》《易》《乐》《春秋》等课程，来证成"温柔敦厚""六艺圆融"的君子审美人格，并达至如《毛诗序》所谓的"经夫妇，成孝敬，厚人伦，美教化，移风俗"① 的理想政教境界。"至圣先师"的声威由此而生，影响千年，流风余韵，连绵不绝，中华文明也因此凸显出与众不同的教育性格。

为什么孔子特重诗教？廖平在《知圣篇》中解释道："今凡周亡、孔子王。一切骇人听闻之说，皆以归附于《诗》。治经者知此意，然后以读别经，则迎刃而解。他经不复言此，而意已明，方可以收言语、政事、文章之效。《诗》为志，则《书》为行；《春秋》为志，则《孝经》为行。实则《春秋》与《书》同为行，《春秋》《尚书》皆分《诗》之一体……孔子重《诗》之教，显以此为经学之总归，六经之管辖……"于此我们可以看出：孔子《诗》教与"诗教"是如何具有典范的一体统整性。刘小枫先生就此评价："《诗》学作为我们的'城邦学'的门径，不仅见于与其他各经的关系，也不仅见于《诗》的义疏四家，因为，既然'收言语、政事、文章之效'，那么，后世发为议论的子书、记载政事的史书和发乎心志的文章和诗篇，也都归宗《诗》学——用今天的话说，《诗》学是'国学'的基础和源头，中国古典诗学的骨骼。"②

而即使从诗歌的审美开端看，孔子诗教也是堪称典范性的。且看柯小刚先生的评价："认为诗歌之本质是抒情，这似乎是现代诗学的偏见。当然，牵强附会的道德化、政治化确实是后起的东西……但是，这并不意味着抒情就是原初诗性的东西。原初诗性……是兴观群怨的整体性……包含了后来片面发展为抒情的种子……审美的种子……道德性的种子……政治化的种子。"而中文诗学的使命可能是"如何致力于剥离后世的种种虚妄，尝试接近那个原初的兴观群怨的整体性的大

① 诗经［M］. 朱熹，注. 上海：上海古籍出版社，2007：79.
② 刘小枫. 重启古典诗学［M］. 北京：华夏出版社，2013：43－44.

诗”，因此必须“返回到雅正的开端”，抵制虚伪说教与浮滥的抒情审美。这种被柯小刚称为“原诗”的工作也许可成为加深诗歌本身理解的一种“诗性统整”，“也许古往今来，无论哲人的诗学沉思，还是伟大诗人的写诗，无不是在做这样一种原诗的工作”①。

新儒家宗师熊十力先生也对《诗》教中的典范性“诗性”深有体悟，他曾自述自己少年读《诗》，只以《论语》中的孔子“思无邪”“人而不为《周南》《召南》，其犹正墙面而立”等诗论及朱熹的各种观念注解来套自己的经验，毫无所得，盖因其不契入审美，以为诗歌是道德说教。而随着年龄和悟解力的增加，也有儒家其他课程《书》《礼》《易》《春秋》等的义理精熟统整的因素，到三十岁后才深深懂得并沉迷于《诗》，此时才懂得《论语》中孔子评《诗》“千古无两”的精当。终于看出“三百篇”的自然表现和真情流露，识得人生本来清净的“思无邪”，也以“即事多所欣”，玩味到了“二南”诗中日常生活的诗意，人生从此大步向前，精神境界不再促迫，此足可为诗性统整的表现及效应作一说明。②

熊先生的例子是《诗》本身的诗性统整，而另一位同为新儒家宗师的马一浮先生据《礼记·经解》及《庄子·天下篇》的判教思想，而将儒家《诗》《书》《礼》《易》《乐》《春秋》六部经典看成是具有永恒课程统整意义的核心课程，着力从中抽绎出更具统整性与涵摄力的“六艺说”，认为“国学”的真义即是诗教、书教、礼教、易教、乐教、春秋教的“六艺直教”的互涵融汇，可以统概天下一切学术包括西方现代学术，内涵真善美三种价值，最终以“诗教”领首的“六艺”统摄于人心。③ 这可以看作现今最为中国化的课程统整方案，马一浮先生对诗教的定位及统整也是给本人最大启示的

① 柯小刚. 古典文教的现代新命 [M]. 上海：上海人民出版社，2012：241-242.

② 熊十力. 十力语要 [M]. 上海：上海书店出版社，2007：74.

③ 马一浮. 马一浮全集：泰和宜山会语 [M]. 杭州：浙江古籍出版社，2017：7-23.

学说。

以上所述，无论从言语、文章、政事，还是从承、持、志的“兴观群怨”及“多识草木鸟兽虫之名”的立体教化看，按照马一浮先生的洞见，把《诗》《书》《礼》《易》《乐》《春秋》六部经典所独立承载的教育内涵对应到今天中学基础教育的学科课程领域，我们就可以很容易发现，如果真要致力于中华民族文化的伟大复兴，必须回到自己民族文化的根本上去，作为“国语”的中学语文，在中国文化的教育母体中，其精神定位，正是“诗教”。

然而，今天语文学科的内容本身已经驳杂不堪，处于现代化的复杂语境中，要解决其教学、学科统整的问题，仅仅是回到古典“诗教”，已经无济于事或者说不切实际。它还要应对尖锐的西方传统及现代性问题。“对过去相似东西的怀旧式的肯定，并不能丰富课程对话，也不会指出通向有效研究的路径。”①

我们只能基于这个现实，提出一个可以同时关照到中国古典诗教、西方诗学及现代语文教学现实等方面的课程统整上位概念，那就是基于笔者高中语文诗歌教学的反思性实践视角而提出的概念——“诗性统整”。为此，我们的目光，将进一步下降凝聚到“高中语文”这一课程学科统整领域。

综合中西文化中相关的课程思想比较和前述的理论反思，诗性统整将课程理解为介于审美、信仰与社会三种文本之间的综合调适性产物，企图在规训与感通的范式两极之间完成某种后现代式的课程批判与新时代诗教的“立德树人”重建。

在中国，诗歌曾经与教育深度结盟；在西方国家，康德以审美判断力，达成对纯粹理性的自然与实践理性的自由这两大领域的沟通。秉承这些思路，诗性统整将以诗性审美的名义，对语文教学内容尤其是诗歌教学的理念与方法进行正本清源的疏导，对中国语文课程的价值进行重新定位，并层层上升，最终对人类课程做出基于

① 威廉·F 派纳. 理解课程：历史与当代课程话语研究导论［M］. 张华，译. 北京：教育科学出版社，2003：224.

诗性的美学反省判断。

教育一直希望以自然知识、社会需要等外在的逻辑来规训、改造人本身，似乎人活着就是为了追求、获得这些教育规划给人们的“外善知识”。不是人迁就知识，为“外善知识”而活着，而是“外善知识”因人而存在。是时候，让这些纷繁的“外善知识”调转方向，朝向人本身的存在，朝向每个人心中的“内在教师”——人存在的教育根据——回归到人性的价值和尊严上寻找它们存在的理由和意义了。教育与课程，是否也能在后现代的理解与重建中，等来一场“哥白尼式的革命”？

服从现实，仅仅把课程简化为统治者政策图解或权力意识形态的传声筒的思维和做法是可耻的；而不关注现实，只想把课程设计为教育的“乌托邦”也是迂腐和虚无的。课程当然要选现实主义的路径，更要追求理想主义的气质。在人间建立天国的理想是崇高而不实际的，也许，我们只能怀着理想主义之光沉潜、浸入现实。诗性统整，就是这种在现实中做出种种适切调整、更正的理想主义产物。它朝向现实指示方向，也凝望未来。作为一种特殊维度的介入，它以诗为媒，将目光从学科中引申到学科外，投到学科与学科、学科与种种“非制度”的文化因素相联系的领域，提供一种诗意眼光、文化背景，将学科和课程在最有利于人的幸福和自由的价值点上以审美的意识和意义粘合起来。

在文化传统与当代社会的诗意冲突中，诗性统整努力去实践蔡元培“美育代宗教”的教育命题。

在独特的教育课程统整理念指引下，让每个人在喧嚣纷繁的成长世界中幡然醒悟，发现自我的同时去反身凝视并努力回归那个植根于存在深处，正向每个人展现其审美面目的教育的真谛——“内在教师”。它拥抱每个个体具体的、独特的人生经验，在个体现实偶然的境遇中，以随心所欲般的自由诗意表现，去应和那抽象必然的教育目的与价值的匠心召唤。

◎ | 4.4 《求实之子——少年聂耳》[①]

【序篇·求实颂】

【求实颂】（李文炳词，施国华曲）

千年文庙血脉潜流，大德寺里塔影悠悠。
脚踏实地求实行走，白塔仰望璀璨星球。
千年文庙血脉潜流，大德寺里塔影悠悠。
金汁河水声声朗润，竹园笳吹弦诵自由。

纵横地铁来来往往，蜿蜒盘江源头溯游，
百年求实树人理想，人杰赓续地灵龙头。
砥砺一种求实品行，奥秘艰难探寻奋斗，
持养一颗白塔诗心，人间烟火俯仰宇宙。

先贤的肋骨已燃成火把，天下忧乐是聂耳的歌喉。
钟声四方播扬，江水浩荡不休，
新时代的舞台，演一出人物春秋。

【第一篇·朴实】

（字幕朗诵） 1912 年 2 月 14 日，聂耳出生在云南省昆明市甬道街 72 号，原名聂守信，父亲聂鸿仪，母亲彭寂宽。父亲是中医，全

---

① 《求实之子——少年聂耳》系本书作者李文炳为昆明市第十中学百年校庆特别创作的话剧。剧本完成后，经昆十中音乐教师施国华作曲、导演，以花灯歌舞剧的形式，作为百年校庆的献礼进行专场演出，全部演职人员均由昆十中师生担任。该剧首演同时进行网络直播，在线观看达 193.8 万人次。这里提供的剧本系第三次公演的修改本。

家经营“成春堂”，艰难度日。1916 年，聂耳 4 岁，父亲因肺结核病去世。母亲继续行医，操持家务，积劳成疾，大病几死。靠亲友接济，艰难挺过难关。1922 年，10 岁的聂耳将从昆明县立师范附属小学毕业，因家中无钱置办童子军服装，不能继续在附小升学。少年聂耳求告无门，即将失学。幸好，他遇到了求实小学的校长苏鸿纲先生。我们的故事，就从这里讲起……

聂耳（拿成绩单上）：童子军！童子军！没钱买衣裳就不给升学，这太不公平、太不合理了。学校、学校，不该以学习为重吗？我毕竟是全班第一名，看在成绩的分上，希望校长……

附小校长（粗暴打断）：不提前交费，置办好衣服装备加入童子军，绝对不行！

聂耳（啜泣）：不合理、不公平。就算要强迫人加入童子军，那衣服装备也不该让私人承担……

附小校长：学校照章办事……（无奈状，换一种口气）聂守信同学，这个——我已经反复给你解释了，这不是校长、老师能够解决的事。官办学校，得守规矩啊！好了、好了，我也不想跟你生气，你在这里纠缠也是没用的。今天是你们初级小学毕业的日子，我们特意选择在文庙举行毕业典礼，还给同学们每人准备了一碗酥肉面，开开心心吃去吧！钱的问题嘛，找亲戚朋友借一借、找一找，总会有办法的嘛！

聂耳：可是……我家实在拿不出这笔钱来。我爹早就不在人世了，靠我妈妈一个人帮人看病……

附小校长（惊讶）：你妈妈行医？

聂耳（骄傲）：嗯，我妈妈跟我爹学认字，会看病，考了医生执照，人家说我妈妈是昆明第一个女中医！

附小校长：所以嘛，不要小题大做，你妈妈当医生，帮你备套童子军服装会有多大困难？

聂耳（低头难过地）：妈妈常说，“但愿世间无病痛，哪怕架上药生尘”，药铺生意不好，有病人来，也是穷乡亲，收钱很少。我妈妈前久大病，借了亲友好多钱，家里还有一个姐姐、两个哥哥和我，都要上学，实在是……

附小校长：行了、行了，哪家没有困难？办法总比困难多，我再跟你说一遍，不加入童子军，不能升学！官办学校，照章行事，不可能为你一个人改规定！再说了，人靠衣裳马靠鞍，穿上新衣裳，练武又习文，前途不可限量啊！你在这里说破天也解决不了问题，总而言之，统而言之，一句话：吃碗酥肉面，回家想办法！（唱）

【规范令】（李文炳词，施国华曲）

到处有规矩，就得这么干。

上级有规定，谨遵不违反。

加入童子军，开学硬条件，

纠缠也没用，我们是官办。

今天搞庆典，吃碗酥肉面。

读书要花钱，做人得有范。

回家想办法，开学附小见。

穿上童军装，身形最矫健。

练武又习文，前途不可限。

练武又习文，前途不可限。

聂耳（唱）：父亲去世了，母亲生病了。你叫我，你叫我到哪里去凑钱。

合唱：父亲去世了，母亲生病了。你叫我，你叫我到哪里去凑钱。

聂耳（难过地抽泣）：我不想失学，可是妈妈，实在是……实在是没办法……

附小校长（拍聂耳肩）：哎，聂守信同学，我也不是不帮你，我们……哦，对了，你看、你看，我差点忘了，实在不行，就在这里，文庙、文庙！名宦祠、乡贤祠里，苏鸿纲他们办了个私立求实学校，没有加入童子军的规定，有些穷人家的孩子，还给免学费。喏，那边那个人，就是校长苏鸿纲，你找他去！

（附小校长推聂耳向前，自己脱身急下。苏鸿纲上）

苏鸿纲：今天又有一个老师正式辞职了，他向我道歉，叫我别怨他，说家人实在忍受不了他的这份清贫，为了生活，得暂时放下理想，先寻个挣钱的活儿。哎，我哪会怪他呢？是我对不起大家，让大伙跟我来受这份洋罪。只是他一走，我得想办法明天自己先顶上他的课，我当校长不领一分工资，家里积蓄都填补光了，听说存米最多能撑个把月，再不出去兼个职，家里人真的要跟我一起饿肚子了，苦啊！人人笑我过日子荒唐，我苏鸿纲，还真是荒唐！（唱）

【荒唐令】（李文炳词，施国华曲）

想我苏鸿纲，人说太荒唐。

当了校长无薪俸，奔走人间百味尝。

东挪西凑赖友辈，家中积蓄填补光。

维持生计另兼职，亲人陪我喝米汤。

聂耳（擦眼泪，迎上）：苏校长好！

苏鸿纲：小同学你好，遇到什么事？怎么哭鼻子啦？

聂耳（音乐起，与苏作倾诉状，唱）：

【升学叹】（李文炳词，施国华曲）

花开春城说太平，繁华街市住贫民。

父丧母病艰熬过，升学新规惊雷霆。

成绩好坏都勿论，升学必入童子军。

衣服配上皮腰带，军刀绳棒加领巾。

全套批挂须自备，贫家巨款无处寻。

虽有远亲难兼顾，贫穷友朋谁问津？

拜佛求神都不灵，急坏了苦难的老母亲。

凭什么贫家子不能升学？

聂守信实在是气愤不平！

聂耳：苏校长，你看看我的成绩，毕业考我是全班第一名。不给升学，还说什么“人靠衣裳马靠鞍”，哼，我看学校是“不看成绩看衣妆，不比学习拼爹娘”！

苏鸿纲（接过成绩单，唱）：这个成绩确实好，语文算术都九十多分了。这个娃娃是块宝，正直朴实有头脑，这个娃娃可怜了，想要上学上不了。善心当得助此辈，虽说我泥菩萨一个，哎，自身也难保……

苏鸿纲：你这么聪明懂事，成绩又好，再怎么困难，也得先想办法上了学再说。

聂耳：听说你们不强迫加入童子军，校长可以帮帮我，转到求实学校吗？

苏鸿纲：我们求实小学，办学条件暂时比不上官办学校，但欢迎你这样品学兼优的学生加入，学费的困难——我帮你想办法！

聂耳：今年我家里实在拿不出学费，我可以先欠着，等以后有钱了再慢慢还吗？（羞愧地）当然，靠我妈一个人，我也不知道家里什么时候会有钱……

苏鸿纲：你先上学，有什么困难，有我呢！

聂耳：谢谢校长先生！我又有书读了！无以为报，我给你吹个曲吧！（掏出笛子，吹奏欢快曲）

苏鸿纲（鼓掌）：好！有天赋，小小年纪就有音乐兴趣，谁教的？

聂耳：妈妈爱唱歌，教了我一些。我跟隔壁邻居邱木匠学的笛子，跟着彭幼山、金子箴等先生玩三弦。我妈妈还求人把我和哥哥送到翠湖的“宏文学”去学习洞经音乐，以后有机会还想学学二胡……

苏鸿纲（鼓掌）：好！我们求实小学的杨实之老师就会多种民乐，特别擅长拉二胡，你来求实，我请他专门教你，咱们成立个音乐兴趣小组，你可以叫上你哥哥，把喜欢音乐的师生团结在一起，又玩又学，全面发展……时间不早了，快回家，把喜讯告诉妈妈吧。

聂耳：谢谢校长先生！再见！（背景合唱起）

【纾困曲】（李文炳词，施国华曲）

从来天无绝人路，坎坷路上遇贵人。

校长解人升学困，恰似久旱逢甘霖。

乌云散尽青天明，快把喜讯报娘亲。

快到求实上学去，朴实生活立品行。

苏鸿纲：再见！（唱）

【树人歌】（李文炳词，施国华曲）

时贤苦觅救国策，当今谁唱教育歌？

自古兴学多磨难，校名“求实”意如何！

吾国积贫民愚弱，专制荼毒何其多。

科学民主开风气，儒道长河汇清波。

旧祠孔庙办新校，天时地利赖人和。

我今寄语贫家子，不攀权势比学说。

素食敝袍风骨峻，人品都从世事磨。

真金必待烈火炼，璞玉须寻大匠琢。

万家忧乐心头系，道在天地求约博。

万家忧乐心头系，道在天地求约博。

（幕后集体快板、昆明方言音，一人引诵，群人相和）

【新学赞】

千年的文书做得药，千年的文庙讲新学；

朴实的学风救时弊，云彩的家乡养仙鹤！

【第二篇·真实】

（音乐起，苏鸿纲下，聂母彭寂宽上，聂耳奔向母亲，拉手倾诉状，母亲欢迎状）

彭寂宽：真想不到！妈妈愁得没有办法，天天在家求菩萨，菩萨没反应，反倒让你在文庙碰到孔圣人显灵了。雪中送炭，这个苏校长，真是咱家的大恩人哪！

聂耳：妈妈，其实我心里还是很羡慕那些能穿童子军服的同学……

彭寂宽：人要真实点，有什么条件过什么日子，读书要靠自己，倒不在乎一定要进那些样子好看的学校，真真实实学得本事才最重要。学校条件再好，不努力也是枉然！我家花不起钱让你参加童子军，你就踏踏实实到求实好了，有苏校长这样人品的人当校长，只要你用功，肯定会得到真实的收获，求到真实的学问！（唱）

【叮咛令】（词略）

聂耳：知道了，妈妈，我听你的话，也会听先生的话。

彭寂宽（轻松地）：哎，这几年来，我还没有哪天像今天这样开心过。没有想到这回我大难不死，居然享受这等福分，又亲眼见到了儿子路遇贵人，顺利升学，想想这世上，还是好人居多。我想趁着你还没开学，带你回我娘家、你外婆家峨山去逛逛，去唱唱山歌、对对调子。这才是一唱解千愁。城里唱，放不开，带你到山野，你才能真正感受我们傣家歌舞的美好！

聂耳：妈妈，看来我喜欢歌舞音乐，是因为我的身体里也流淌继承了您的傣家血液啦！

彭寂宽：妈妈的好儿子，事实确实是这样。

聂耳：你看我们家，爸爸是汉族，妈妈是傣族，汉族傣族结合成一家子，生了我这个新骨肉，我爱爸爸妈妈，也爱咱们所属的中华民族，这是最真实的感情。

（彭寂宽抱住聂耳，母子相偎，音乐起，一群傣家少女载歌载舞，围住母子二人，灯光切换。合唱起）

【寻根曲】（李文炳词，施国华曲）

爸爸是汉族，妈妈是傣族。汉族傣族是一家，生我亲骨肉。

生我亲骨肉，养我好歌喉。日子甜中常带苦，歌儿一唱解千愁。

城中安了家，青山埋远祖。风里雨里长相忆，歌儿声声念故土。

爸爸是汉族，妈妈是傣族。各个民族是一家，血肉连筋骨。

中华民族共一家，血肉连筋骨。

【第三篇·坚实】

（字幕朗诵）求实学校是当时少见的树立教育新风的私立学校，校舍借用文庙的部分建筑，由于苏鸿纲先生的品行声望，热心教育志士闻风而来。聂耳入学后，很快喜欢上这里的环境和教学。聂耳进入求实学校三个月后，文庙管理部门以维修为名，让求实学校迁出文庙，维修结束，又拒绝学校回迁。苏校长四处奔走、申诉无果，眼看着，全校师生将不得不被遣散。面临学校解散的危机，是接受现实还是奋力抗争？聂耳的命运，又一次和学校办学的前途紧紧地联系在了一起……

（一队穿戴整齐、吹着鼓号的童子军走过，聂耳等穿着各色褴褛服装的学生探头望，苏鸿纲先生走到学生队伍前演讲）

苏鸿纲：缺乏财物、生活困顿，只是贫；遇到困境毫无办法，这才叫穷。所谓君子固穷，所谓人穷节乃见，都是说人要有志气，不要轻易被外在的物质条件所俘获。我求实学校的“求实”二字，乃是我校教育之魂，希望各位同学细细参究，踏实向学，处事不浮浅，为人不虚夸。所谓中学为体，西学为用；中西并用，观其会通。不今不古，无论西东，不拘门户，实学为要，如此学问，方称求实；如此做人行事，庶不负我求实人之望。

（集体合唱）

【求实赞】精神求充实，交际求诚实，服饰求朴实，言语求信实，行为求妥实，谋虑求忠实，智识求真实，思辨求详实，意志求坚实，学问求切实。

苏鸿纲（语重心长）：我求实人记住此节大纲，终身服膺，则虽学校不存，而精神长在！

聂耳（大声地）：苏校长，难道我们真的就这样算了?！我们要回自己的学校！

（旁边学生附和：对，不能这样便宜他们，夺回校舍！）

苏鸿纲（无可奈何地）：世间之事，非资财难办，寄人篱下，徒叹奈何！况那几个迂腐冬烘的学监卫道士，到处说我求实学校在圣庙教不今不古、不中不西之学，有碍孔圣人尊严，故意把大门锁起来了。我多番交涉，没有结果。守信同学，你有什么良策？

聂耳：他们这样无理，不让我们读书，我们必须要和他们争，我们学生可以自己组织起来，每天去门口聚集、宣传，社会上有良心的人，一定会支持我们的！

苏鸿纲：我校学子几乎出自贫寒人家，无钱无势，只怕……

聂耳：正因为如此，我们才没必要怕他们，我们要读书，要回自己的学校天经地义。苏校长不是教导我们自尊自信、自立自强，凡事要靠自己吗？这是我们每个同学的事，和大人、和学校无关，我是学生自治会的主席，我要问问同学们的意见，一起去抗争。同学们，同不同意？

（学生群情激愤答：同意！喊着口号："我们要读书，我们要回校！"冲向锁着的大门，苏鸿纲含泪目送）

学生（摇门大喊）：开门、开门！我们要读书，我们要回校！

学监（急急忙忙跑过来）：反了、反了，这些毛孩子，你们想干什么！

聂耳：打开门！我们要读书，我们要进学校！

学监：这不是学校，是文庙，是供奉孔圣先师之地，岂容你们来撒野！要读书、要学校，找苏鸿纲去！

聂耳：供奉先圣是为了什么？文庙是教化人心的公地，学校也是为了教化人心的公共利益。求实学校在这里堂堂正正办学，既合理又合法，就算孔子复生，也会赞同。你们不给我们进学校，就是孔子的罪人！

学生：罪人！罪人！

学监：你你你！我不跟你们胡扯，你们去叫苏鸿纲来！

聂耳：你要叫苏校长你去叫。你不让我们进来读书，和苏校长有什么关系？我们就要天天在这里！让你的孔夫子出来，和我们辩辩这个理！

学生（笑）：叫孔夫子出来呀！

聂耳：孔圣人，快出来，文庙学监不成材！丢你的脸，拆你的台，死读经书惹祸灾！（学生跟着喊，舞台上慢慢聚拢许多人，聂耳转向人群）大家来评评这个理！

众人（议论）：确实无理，怎么不给人家上学呢？

（音乐起，聂耳一人站立，背对大门手拿乐器，时向人群作宣讲状，其他同学开始整齐端坐，合唱《诗经》古曲。在歌声中，聂耳面前的人来来往往，时或驻足评论状。灯光明暗切换，屏幕上打出“一周后……”字样，音乐结束之际，大门打开，学生们欢呼而进，载歌载舞。苏鸿纲陪同贡巴土司及法国学者柏西文上，学生全体起立）

苏鸿纲：在自治会同学的斗争下，我们重回文庙，要回了名宦、乡贤二祠，增拨了明伦堂、桂香楼两处，我们又顺利复课了。此次危机，我求实同学处理得当，表现卓越，引起了广泛关注，得到了社会各界的支持。今天期末典礼，远道而来的贡巴土司及法国知名学者柏西文两位先生也专程来勉励大家，请大家欢迎！

贡巴土司：扎西德勒！

柏西文：同学们好，你们十分优秀！

苏鸿纲：目前，此事已上达省府，省督唐先生亲自过问，明确表示，往后还要择一处更开阔更合适之地来建设校舍，以供光大求实学校之用！（学生欢呼）大家知道，此次斗争胜利，赖热情正义的自治会主席聂守信同学组织发端，方使我求实转危为安，为此，本校将特别授予聂同学第一号褒奖状，现在请聂守信上台领奖，请贡巴土司与柏西文先生为他颁发奖品！（雷动掌声）

【褒奖辞】云南私立求实学校褒状

书曰：业精于勤荒于嬉。西儒曰：健全之精神宿于健全之身体。查本校高级三年生聂守信，本学年请假未逾六小时，成绩甚佳，品行高尚，非勤于业而具有健全之精神者，曷克臻此。爰照校规，授以褒状，冀更加勉是为至要。右给学生聂守信。民国十四年一月，校长苏鸿纲。

（贡巴土司与柏西文分别将纸笔、乐器等奖品递到聂耳手中）

贡巴土司：文庙办新学，求实、求实，你是怎么跟外面的人解说你们的学校的？

聂耳：中国先儒有“实事求是”之训，与求实学校的宗旨相同，在孔庙办学，恰恰可以辅助圣学！

贡巴土司（疑惑地）：什么升（圣）学？

聂耳：辅助！

贡巴土司（疑惑地）：补助？

聂耳：辅助！

贡巴土司：补助？（恍然大悟地）哦哦，补助！补助升学，是的，我要你们补助升学。（爽快地从怀中掏出一袋子，递给苏鸿纲）苏校长，你的学生提醒了我，这里边有四百元，补助，就给学校做升学补助！（学生鼓掌）

苏鸿纲：谢谢、谢谢，雪中送炭，解我燃眉之急！我们又可以置办一批课桌椅了！

聂耳（鞠躬）：谢谢！谢谢你的补助。

柏西文：我听苏校长说你特别有音乐天赋，送你一个单簧管，你试一试？（聂耳接过，简单调试，吹奏成曲，掌声又起）真是奇才，以后你可以单独来找我，我可以免费教你学习英文、钢琴和小提琴。

聂耳（鞠躬，兴奋地）：谢谢柏老师，我一直想学英文和西洋乐器！

柏西文：听说你还会拉二胡，你跟什么人学的？

聂耳：二胡是求实的杨实之老师教的。我还会笛子、三弦，也能吹小号。

柏西文：音乐能通达一切自然，招到你这样的音乐奇才，还成立了乐团培养学生专长，苏校长是真正的教育家。如此坚实地办教育，将来一定会结出硕果。今天你要表演一下，我带来了相机，苏校长叫我来专门给你们照相，以示鼓励和提倡。

聂耳：太好了。

（音乐起，《翠湖春晓》或《金蛇狂舞》等民乐片段，舞台背景上出现、定格求实乐团的黑白照片，灯光切换）

【第四篇·充实】

（字幕朗诵） 1922 年到 1925 年，少年聂耳在求实自由成长，他勤奋学习，热心助人，热爱音乐，活泼好动，担任求实学校乐团指挥，还被选为学生自治会主席。他的生命与求实学校的发展紧密相连。为发挥他的音乐天赋，学校专门成立音乐兴趣小组，并专门请人照相留念。1924 年冬，聂耳高小毕业，成绩为全班第一，在毕业典礼上主演话剧《青春之梦》，这是他第一次出演话剧。聂耳在求实小学的两年，是艰难困苦而又求实奋进的两年，是全面发展、充实成长的两年，充实的求实岁月，为他打下了一生光辉的基础……

（外面白雪飘飞，聂耳一人在一间教室里用毛笔抄写课本，身体瑟缩，不时搓手、哈气。聂耳放笔起身，走到舞台中央，唱）

【温情引】（李文炳词，施国华曲）

多年的学费啊，苏先生一笔勾销。

一叠叠课本自己动手誊抄。

好记性不如烂笔头，手抄的课本啊，记得最是牢靠。

挣钱好比针挑土，省下点点钱啊也治得好妈妈的心焦。

忽听得冷风撕窗棂，

忽听冻蝇嗡嗡房里绕。

我停笔抬头望窗外，片片雪花在天上飘。

这时节，富家的火锅煮欢笑，

这时节，穷人的希望被饥寒浇。

啊！什么时候世界得太平？

（门外喊："守信，守信！"聂耳往外张望，伍老师、彭寂宽上场）

聂耳：伍老师，妈妈，你们怎么来了？

伍老师：天太冷了，你妈专门跑来，给你送衣服和手炉，到处找不着你，我猜，你肯定在这儿抄课本，就带她过来了。

聂耳：谢谢伍老师，谢谢妈妈！

妈妈：孩子啊，让你受苦了，伍老师，守信给求实小学添麻烦了。

伍老师：有守信这样的孩子，是求实小学的骄傲，苏校长为了免除守信的学费专门开会，跟我们说，我们艰难办学，努力办好求实小学，根本目的就是让守信这类孩子有个学知识、长志气的地方，学校的任何事情，都没有真正能够帮助到守信他们、解决他们具体困难的事情更大，只要有一个孩子因为贫困失学，都是成人社会的耻辱。社会要发展，先从教育来。

聂耳（敬仰地）：谢谢伍老师，谢谢苏校长，我一定会好好学习，对得起校长和老师的苦心。

伍老师：守信，你就要毕业了，我刚才跟你妈妈说，你应该去省第一联合中学插班，继续学习。你家的困难我都知道，所需的费用，我会尽力帮你筹措，你们不必挂虑。

彭寂宽（抹眼泪）：守信，这两年，没少麻烦求实的校长和老师们，苍天有眼，咱们以后要记得苏校长和伍老师的好……人生难得遇贵人，谢谢这些恩人哪！（鞠躬，伍老师赶快扶起）

聂耳（点头）：伍老师，将来我挣钱了，也会像你们一样，回报社会，帮助那些穷苦无助的人。

伍老师（吟诵）：安得广厦千万间，大庇天下寒士俱欢颜，风雨不动安如山。

聂耳（唱）：富家的火锅煮欢笑，穷人的信念似火苗。总有一天得太平，人人冬天穿皮袄。

伍老师（唱）：穷人的孩子立志早，小小的信念似火苗。守信岂是池中物，他年海上腾巨蛟。

聂耳、伍老师（合唱）：富家的火锅煮欢笑，穷人的信念似火苗。总有一天得太平，人人冬天穿皮袄。穷人的孩子立志早，小小的信念似火苗。守信岂是池中物，他年海上腾巨蛟。

聂耳：人生难得遇贵人，感谢求实，感谢恩人。（唱）

【诉恩情】（李文炳词，施国华曲）

人生难得遇贵人，
我最幸运遇先生。
风波险阻安然过，
此生当念求实恩。
贫富子弟得滋养，
砥砺品性敦实行。
琅琅书声清风颂，
流水潺潺昼夜勤。
啊——
清风颂那求实恩，
多谢先生启慧根。
旧识新知润我身，
求实赋我自由魂。

（屏幕上出现聂耳“云南私立求实小学毕业证书”照片，求实学子小提琴家肖瑞光上场，小提琴伴奏，《毕业歌》小提琴片段背景配乐，结束慢慢过渡到《国歌》曲调，字幕朗诵在此音乐节奏中自然行进）

（字幕朗诵） 1925 年，在求实小学老师的鼓励和资助下，聂耳插班到云南省第一联合中学，课余继续跟随柏西文学习英文、接触西方音乐，进一步拓展了他的艺术视野。

1927 年秋，聂耳考入云南省立第一师范学校学习英语，在音乐和表演上继续努力，他关注社会，充满正义感，富于斗争精神，于此间加入共青团。1930 年毕业之时，因叛徒的出卖，聂耳不得不离开故土，远走上海，从此投身于一个风云激荡的世界。《卖报歌》《毕业歌》《开路先锋》《铁蹄下的歌女》《义勇军进行曲》等一系列反映时代和人民呼声的音乐作品横空出世。1935 年，为躲避反动政府的追捕，聂耳在党组织的安排下，东渡日本，当《义勇军进行曲》的定稿最终寄回国内，到处传唱着“起来，不愿做奴隶的人们”的歌声时，他走向了宽广而又神秘的大海，终年 23 岁……朴实立身、真实求智，这位昔日贫苦的求实少年，踏实向学，不断奋斗，终于把短暂年华，创作成一种充实而光辉的大美人生，成为人人敬仰的国之歌者。

合唱曲【聂耳颂】（李文炳词，施国华曲）

那一阵清风踮起脚尖走过，
那一场骤雨芭蕉叶上倾情。
吸水的根须知冷知暖，
破土的蘑菇说痒说疼。
初升的太阳竖起弦琴，
那一片如渊的沉默，
那一派静默的永恒，
请你谛听，竖耳谛听，
最好的音乐是无声。

那生死琴键依旧黑白分明，
那高低音阶还在随路延伸。
月下的波涛潮涨潮落，
人生的脚印或浅或深。
青春的节拍良心指引，
那一种战火的痛苦，
那万家饥寒的哀吟，
请你谛听，竖耳谛听，
最大的演奏是抗争。

听风听雨，

听民间疾苦的心声，

撒笑洒泪。

奏生命青春的强音。

竖耳谛听，

那码头工人的汗水，

那卖报孩子的童真，

那怒吼那铁拳，

那民族前进的节奏，

那国歌声里的精魂。

【尾声·求实随想】

（字幕朗诵）为党奋斗，为国而歌，为民呐喊……聂耳短暂而光辉的一生，凝聚出一种踏实勤奋、质朴真诚、正直勇敢、敦厚博大的人格气象，这一切，无疑都起步于求实，根源于求实。百年求实奋进，曾经的求实学校，今日的昆明市第十中学，因为有了一大批杰出校友——像聂耳这样的“求实之子”的精神激励，其百年品牌的精神内涵中，也逐渐沉淀出一种深沉博大、厚重敦实的“求实”品格。“求实”二字，将不断激励来者，化为一代代十中人的精神秉性……

合唱曲【求实中学校歌】

（肖瑞光继续小提琴伴奏，《求实中学校歌》曲调，屏幕上出现肖瑞光音乐简介。肖瑞光自我介绍）

肖瑞光：我是求实学子肖瑞光，现在任职昆明聂耳交响乐团。当我进入求实的时候，知道了聂耳是我的校友，我为此感到骄傲。少年聂耳在求实的事迹和他创作的音乐作品，给了我许多启示，激励我在音乐的道路上，不断求实奋进，我把这种音乐的求实联系视为一种独特的缘分。俗话说，唱歌者多，知音者少，我愿把聂耳音

乐中的求实精神火炬，用自己的方式，继续传承下去……（自由发挥小提琴技艺）

（屏幕上出现其他从事音乐的求实学子的介绍接龙及音乐成果统计视频，宣科老照片及求实题词，聂耳雕像、聂耳艺术中心依次出现，朗诵声结束。最后出现字幕：求实之子）

（字幕朗诵） 1950年，昆明和平解放，陈赓将军率领解放军进入春城，受到了老百姓的热烈欢迎。在欢迎的队伍中，有一个合唱队引人注目，钢琴伴奏者是后来的著名钢琴家傅聪，乐队的指挥则是后来以音乐理论和抢救“纳西古乐”闻名于世的宣科先生，而宣科先生也曾经是求实学子中的一员。也许是受到了校友聂耳音乐精神的感召，曾经的求实学校，今日的昆明市第十中学，涌现出一大批以音乐回报社会、表现人生的音乐人才。即使在升学竞争日趋激烈的今天，矗立着少年聂耳的雕像、建有聂耳艺术中心的昆明市第十中学，依然在文化学习之余，为学子们保留着另一片艺术的天地。

（小提琴声起，全体起立，合唱《国歌》，结束。）

附录

诗篇诵读

◎《诗经》选篇

1.《周南·关雎》

关关雎鸠，在河之洲。窈窕淑女，君子好逑。
参差荇菜，左右流之。窈窕淑女，寤寐求之。
求之不得，寤寐思服。悠哉悠哉，辗转反侧。
参差荇菜，左右采之。窈窕淑女，琴瑟友之。
参差荇菜，左右芼之。窈窕淑女，钟鼓乐之。

【注释】

关关：鸟和鸣声。

雎鸠（jū jiū）：水鸟。

洲：水中的陆地。

窈窕（yǎo tiǎo）：体态美好状。

好逑（hǎo qiú）：好的配偶。

参差：长短不齐。

荇（xìng）菜：水草。

寤寐（wù mèi）：醒和睡，指日夜。

思服：思念。

辗转反侧：翻覆不能入眠。

芼（mào）：挑选，采摘。

【主题简述】

《诗经》“国风”由此开篇，关雎起兴，本为男女恋歌，借淑女君子相配以咏初婚夫妇和乐之端。

2.《周南·葛覃》

葛之覃兮，施于中谷，维叶萋萋。黄鸟于飞，集于灌木，其鸣喈喈。

葛之覃兮，施于中谷，维叶莫莫。是刈是濩，为絺为綌，服之无斁。

言告师氏，言告言归。薄污我私。薄浣我衣。害浣害否？归宁父母。

【注释】

葛：多年生草本植物，纤维可织葛布，藤蔓可制鞋。

覃（tán）：本指延长之意，此指蔓生之藤。

施（yì）：蔓延。

维：发语助词，无义。

萋萋：茂盛貌。

集：栖止。

喈（jiē）喈：鸟鸣声。

莫莫：茂盛貌。

刈（yì）：斩、割。

濩（huò）：煮。

絺（chī）：细葛布。

綌（xì）：粗葛布。

斁（yì）：厌。

言：语助词，无实义。

师氏：指抚育古代贵族女子并教授其女德者。

归：本指出嫁，亦可指回娘家。

薄：语助词，无实义。

污（wù）：洗去污垢。

私：内衣。

浣（huàn）：洗。

衣：上曰衣，下曰裳，此指外衣。

害（hé）：通“曷”，盍、何，疑问词。

归宁：回家慰安父母，或出嫁以安父母之心。

【主题简述】

本诗紧接《关雎》，是《国风·周南》第二篇，如此编排顺序意味深长。由蔓延生长的葛藤起兴，通过女子见葛、采葛、织布、穿衣、浣衣、归宁等一系列场景描写，写出女子节俭勤快、思念返本的善良本分，以及劳动间隙欣赏黄鸟飞鸣的审美闲适心态。

3.《周南·卷耳》

采采卷耳，不盈顷筐。嗟我怀人，寘彼周行。

陟彼崔嵬，我马虺隤。我姑酌彼金罍，维以不永怀。

陟彼高冈，我马玄黄。我姑酌彼兕觥，维以不永伤。

陟彼砠矣，我马瘏矣。我仆痡矣，云何吁矣。

【注释】

采采：采了又采。

卷耳：苍耳，嫩苗可食，果实可入药。

盈：满。

顷筐：斜口筐。

嗟：叹息声。

寘（zhì）：同“置”，放、搁置。

周行（háng）：环绕的道路，特指大道。

陟（zhì）：升、登。

彼：指示代名词。

崔嵬（wéi）：山高不平。

虺隤（huī tuí）：疲极而病。

酌：斟酒。

金罍（léi）：青铜做的盛水器具。

维：发语词，无实义。

兕觥（sì gōng）：酒器。

砠（jū）：有土的石山。

瘏（tú）：马疲病不能前行。

痡（pū）：人过劳不能走路。

云：语助词，无实义。云何：奈何。

吁（xū）：忧伤而叹。

【主题简述】

此诗情感真挚动人，可视为怀远求贤的忧思之作。

4.《召南·鹊巢》

维鹊有巢，维鸠居之。之子于归，百两御之。
维鹊有巢，维鸠方之。之子于归，百两将之。
维鹊有巢，维鸠盈之。之子于归，百两成之。

【注释】

维：发语词。

鹊：喜鹊。

有巢：比兴男子已造家室。

鸠：一说鸤鸠（布谷鸟），自己不筑巢，居鹊的巢。

归：嫁。

两：辆。

御（yà）：同“迓”，迎接。

方：并、比，此指占居。

将（jiāng）：送。

盈：满，此指陪嫁的人很多。

成：迎送成礼，此指结婚礼成。

【主题简述】

孔子很看重《诗经》“二南”的人伦风化作用。这首诗可视为婚礼祝词，赞美婚姻，却将目光集中在百辆大车在大道上迎来送往奔走的礼节之盛上，场面壮阔。此诗为《召南》之首，编诗者正借此表达对文礼之用的赞美。

5.《召南·采蘩》

于以采蘩？于沼于沚。于以用之？公侯之事。
于以采蘩？于涧之中。于以用之？公侯之宫。
被之僮僮，夙夜在公。被之祁祁，薄言还归。

【注释】

于以：问词，往哪儿。

蘩（fán）：白蒿，根茎可食，古代常用来祭祀。

沚（zhǐ）：水中的小块陆地。

被（bì）：同“髲”，首饰。

僮（tóng）僮：高而蓬松。

夙：早。

公：公庙。

祁（qí）祁：众多。

薄：减少。

归：归寝。

【主题简述】

此诗表达了采蘩祭祀或养蚕过程中的敬意。

6.《召南·采蘋》

于以采蘋？南涧之滨。于以采藻？于彼行潦。
于以盛之？维筐及筥。于以湘之？维锜及釜。
于以奠之？宗室牖下。谁其尸之？有齐季女。

【注释】

于以：在何处。

蘋（pín）：浅水生蕨类植物，可食。

藻：杉叶藻科，水生草本植物，可食。一说水豆。

行潦（xíng lǎo）：沟中积水。

筥（jǔ）：圆形的筐。

湘：烹煮供祭祀用的牛羊等。

锜（qí）：三足锅，炊饭之器。

奠：放置。

宗室：宗庙、祠堂。

牖（yǒu）：窗户。

尸：主持。

有：语首助词，无义。

齐（zhāi）：即“斋”，美好而恭敬。

季：少、小。

【主题简述】

本诗为女子待嫁祭词。

7. 《召南·驺虞》

彼茁者葭，壹发五豝，于嗟乎驺虞！
彼茁者蓬，壹发五豵，于嗟乎驺虞！

【注释】

驺（zōu）：或为天子苑囿。

虞（yú）：管理鸟兽的官，或说为义兽，另有猎人说。

茁（zhuó）：草木茂盛貌。

葭（jiā）：初生的芦苇。

壹：发语词。一说同“一”。

发：发矢，射满十二箭为一发。

豝（bā）：雌野猪。

于（xū）嗟乎：感叹词。

蓬（péng）：蓬草，又称蓬蒿。

豵（zōng）：小野猪。

【主题简述】

这是《召南》的终篇，也即“二南”的结束，描写了一个生气勃勃的打猎场面。“于嗟”的口气，有理解为对猎者技艺的惊异赞美，也有理解为猎杀生物的叹息，或二者情感的交融。现代学者柯小刚认为此诗的两章仿佛是“二南”的两扇门户，暗含着万物关闭与开启、生与死的枢机。

8. 《卫风·淇奥》

瞻彼淇奥，绿竹猗猗。有匪君子，如切如磋，如琢如磨。瑟兮僩兮，赫兮咺兮。有匪君子，终不可谖兮。

瞻彼淇奥，绿竹青青。有匪君子，充耳琇莹，会弁如星。瑟兮僩兮，赫兮咺兮。有匪君子，终不可谖兮。

瞻彼淇奥，绿竹如箦。有匪君子，如金如锡，如圭如璧。宽兮绰兮，猗重较兮。善戏谑兮，不为虐兮。

【注释】

淇：淇水，河流名。

奥（yù）：水边弯曲的地方。

猗（ē）：通“阿”，长而美之貌。

匪：通“斐”，有文采。

切、磋、琢、磨：本义是加工玉石骨器，引申为讨论研究学问。

瑟：仪容庄重。

僩（xiàn）：神态威严。

赫：显赫。

咺（xuān）：有威仪。

谖（xuān）：忘记。

充耳：挂在冠冕两旁的玉石类饰物，下垂至耳。

琇（xiù）莹：似玉的美石，宝石。

会弁（kuài biàn）：鹿皮帽。

箦（zé）：堆积。

圭：玉制礼器，上尖下方，在举行隆重仪式时使用。

璧：玉制礼器，正圆形，中有小孔，在贵族朝会或祭祀时使用。

绰：旷达。一说柔和貌。

猗（yǐ）：通“倚”。

重（chóng）较：车厢上有两重横木的车子，为古代卿士所乘。

戏谑：开玩笑。

虐：粗暴。

【主题简述】

本诗历来备受称赞，以水滨绿竹起兴，从一个人的外美带内德，反复铺写赞美，被认为是描写有道君子的盛德气象。

9.《卫风·考槃》

考槃在涧，硕人之宽。独寐寤言，永矢弗谖。
考槃在阿，硕人之薖。独寐寤歌，永矢弗过。
考槃在陆，硕人之轴。独寐寤宿，永矢弗告。

【注释】

考槃（pán）：考，筑成，建成。槃，架木为屋。考槃，指避世隐居。

硕人之宽：隐士宽阔的居处。硕人，大人，美人，贤人。

独寐寤言：独睡，独醒，独自言语。

矢：同“誓”。

弗谖（xuān）：不忘却。

阿（ē）：山阿。一说山坡。

薖（kē）：“窠”的假借字，貌美，引申为心胸宽大。

永矢弗过：永不过问世事。过，过从，过往。

轴：本义为车轴，此处指中心。一说明智，或说进展，或说美好的样子，或说盘桓不行貌。

【主题简述】

此诗赞美贤者隐居自乐。

10.《王风·黍离》

彼黍离离，彼稷之苗。行迈靡靡，中心摇摇。知我者，谓我心忧；不知我者，谓我何求。悠悠苍天，此何人哉？

彼黍离离，彼稷之穗。行迈靡靡，中心如醉。知我者，谓我心忧；不知我者，谓我何求。悠悠苍天，此何人哉？

彼黍离离，彼稷之实。行迈靡靡，中心如噎。知我者，谓我心忧；不知我者，谓我何求。悠悠苍天，此何人哉？

【注释】

黍（shǔ）：北方农作物，形似小米，有黏性。

离离：行列貌。

稷（jì）：古代粟或黍属之类的粮食作物。

行迈：行走。

靡（mǐ）靡：行步迟缓貌。

中心：心中。

噎（yē）：堵塞。

【主题简述】

此诗为兴亡之叹，家国悲歌。

11.《郑风·缁衣》

缁衣之宜兮，敝予又改为兮。适子之馆兮，还予授子之粲兮。

缁衣之好兮，敝予又改造兮。适子之馆兮，还予授子之粲兮。

缁衣之席兮，敝予又改作兮。适子之馆兮，还予授子之粲兮。

【注释】

缁（zī）衣：黑色的衣服，

宜：合适，指衣服合身。

敝：坏。

改为、改造、改作：这是随着衣服的破烂程度而说的，以见其关心。

适：往。

馆：官舍。

粲（càn）：形容新衣鲜明的样子。一说“餐”的假借。

好：指缁衣美好。

席（xí）：宽大舒适。古以宽大为美。

【主题简述】

本诗初或为情诗，写女子情感蕴于为男子改衣、做饭的生活细节中。传统将其诗旨视与周公“握发吐哺”相类似的好贤乐贤情感。

12.《魏风·伐檀》

坎坎伐檀兮，寘之河之干兮。河水清且涟猗。不稼不穑，胡取禾三百廛兮？不狩不猎，胡瞻尔庭有县貆兮？彼君子兮，不素餐兮！

坎坎伐辐兮，置之河之侧兮。河水清且直猗。不稼不穑，胡取禾三百亿兮？不狩不猎，胡瞻尔庭有县特兮？彼君子兮，不素食兮！

坎坎伐轮兮，置之河之漘兮。河水清且沦猗。不稼不穑，胡取禾三百囷兮？不狩不猎，胡瞻尔庭有县鹑兮？彼君子兮，不素飧兮！

【注释】

坎坎：象声词，伐木声。

寘：同“置”，放置。

干：水边。

猗（yī）：义同“兮”，语气助词。

稼（jià）：播种。

穑（sè）：收获。

胡：为什么。

廛（chán）：通“缠”，古代的度量单位。

县（xuán）：通“悬”，悬挂。

貆（huán）：猪獾，或幼小的貉。

素餐：白吃饭。

辐：车轮上的辐条。

直：水流的直波。

亿：通“束”。

瞻：向前或向上看。

特：三岁大兽。

漘（chún）：水边。

沦：小波纹。

囷（qūn）：束。一说圆形的谷仓。

飧（sūn）：熟食，此泛指吃饭。

【主题简述】

此为一首讽刺诗，讥讽无功受禄的贪婪卑鄙之人。

13.《秦风·蒹葭》

蒹葭苍苍，白露为霜。所谓伊人，在水一方。溯洄从之，道阻且长。溯游从之，宛在水中央。

蒹葭萋萋，白露未晞。所谓伊人，在水之湄。溯洄从之，道阻且跻。溯游从之，宛在水中坻。

蒹葭采采，白露未已。所谓伊人，在水之涘。溯洄从之，道阻且右。溯游从之，宛在水中沚。

【注释】

蒹葭（jiān jiā）：芦苇。

溯洄：逆流而上。下文“溯游”指顺流而下。

晞（xī）：干。

湄：水和草交接的地方，也就是岸边。

跻（jī）：升高。

坻（chí）：水中的沙滩

涘（sì）：水边。

右：迂回曲折。

沚（zhǐ）：水中的沙滩。

【主题简述】

这是《诗经》里较著名的一首诗。初为求而不得的恋情诗，后被引申为类似于屈原“香草美人”的象征传统，表达朝向远方的叹息遗贤、招隐难致等的婉曲心态。“在水一方”已成企慕的象征。

14.《小雅·鹿鸣》

呦呦鹿鸣，食野之苹。我有嘉宾，鼓瑟吹笙。吹笙鼓簧，承筐是将。人之好我，示我周行。

呦呦鹿鸣，食野之蒿。我有嘉宾，德音孔昭。视民不恌，君子是则是效。我有旨酒，嘉宾式燕以敖。

呦呦鹿鸣，食野之芩。我有嘉宾，鼓瑟鼓琴。鼓瑟鼓琴，和乐且湛。我有旨酒，以燕乐嘉宾之心。

【注释】

呦（yōu）呦：鹿鸣声。

周行（háng）：大道，引申为大道理。

德音：美好的品德声誉。

孔：很。

视：同“示”。

恌：同“佻”。

则：法则，楷模。

旨：甘美。

式：语助词。

燕：同“宴”。

敖：同“遨”，嬉游。

芩（qín）：草名，蒿类植物。

湛（dān）：深厚长久。

【主题简述】

此诗是《小雅》的开篇诗，主题是表现周天子宴请臣子，君臣和乐的情形。

15. 《小雅·常棣》

常棣之华，鄂不韡韡。凡今之人，莫如兄弟。
死丧之威，兄弟孔怀。原隰裒矣，兄弟求矣。
脊令在原，兄弟急难。每有良朋，况也永叹。
兄弟阋于墙，外御其务。每有良朋，烝也无戎。
丧乱既平，既安且宁。虽有兄弟，不如友生。
傧尔笾豆，饮酒之饫。兄弟既具，和乐且孺。
妻子好合，如鼓瑟琴。兄弟既翕，和乐且湛。
宜尔室家，乐尔妻帑。是究是图，亶其然乎？

【注释】

常棣（dì）：亦作棠棣、唐棣，蔷薇科落叶灌木，果实比李子小，可食。

华：即花。

鄂：通“萼”，花萼。

不：“丕”的借字。

韡（wěi）韡：鲜明茂盛的样子。

孔怀：最为思念、关怀。孔，很，最。

原：高平之地。

隰（xí）：低湿之地。

裒（póu）：聚集。

脊令（jí líng）：通作“鹡鸰”，一种水鸟。水鸟今在原野，比喻兄弟急难。

阋（xì）：争吵。

墙：墙内，家庭之内。

务（wǔ）：通“侮”。

烝（zhēng）：长久。一说为发语词。

戎：帮助。

傧（bīn）：陈列。

笾（biān）豆：祭祀或宴享时用来盛食物的器具。

饫（yù）：满足。

孺：相亲。

翕（xī）：聚合，和好。

湛（dān）：喜乐。

帑（nú）：通“孥”，儿女。

亶（dǎn）：信，确实。

【主题简述】

此诗表达兄弟友爱、宴乐之情。

16.《小雅·菁菁者莪》

菁菁者莪，在彼中阿。既见君子，乐且有仪。
菁菁者莪，在彼中沚。既见君子，我心则喜。
菁菁者莪，在彼中陵。既见君子，锡我百朋。
泛泛杨舟，载沉载浮。既见君子，我心则休。

【注释】

菁（jīng）菁：草木茂盛。

莪：莪蒿，又名萝蒿，一种可吃的野草。

阿：山坳。

锡：同“赐”。

休：喜。

【主题简述】

在《诗经》阐释的传统中，这首诗被认为是学校典礼之际，表达教育盛大、人才济济喜悦之情的诗篇。

17.《小雅·鹤鸣》

鹤鸣于九皋，声闻于野。鱼潜在渊，或在于渚。乐彼之园，爰有树檀，其下维萚。它山之石，可以为错。

鹤鸣于九皋，声闻于天。鱼在于渚，或潜在渊。乐彼之园，爰有树檀，其下维榖。它山之石，可以攻玉。

【注释】

九皋：皋，沼泽地。九，虚数，言沼泽之多。

渊：深水，潭。

爰（yuán）：于是。

檀（tán）：木，无定指，常指豆科的黄檀、紫檀。

萚（tuò）：落叶。

错：砺石，可打磨玉器。

榖（gǔ）：楮树，树皮可作造纸原料。

攻：加工、打磨。

【主题简述】

传统以为此诗表达教诲周天子求贤之意。

18.《小雅·白驹》

皎皎白驹，食我场苗。絷之维之，以永今朝。所谓伊人，于焉逍遥？

皎皎白驹，食我场藿。絷之维之，以永今夕。所谓伊人，于焉嘉客？

皎皎白驹，贲然来思。尔公尔侯，逸豫无期？慎尔优游，勉尔遁思。

皎皎白驹，在彼空谷。生刍一束，其人如玉。毋金玉尔音，而有遐心。

【注释】

絷（zhí）：用绳子绊住马足。

维：维系。

伊人：那人，指白驹的主人。

藿（huò）：豆叶。

贲（bì）然：光彩状，装饰得很好。

尔：你，即“伊人”。

生刍（chú）：喂牲畜的青草。

金玉：意动词，珍惜之意。

遐（xiá）心：疏远之心。

【主题简述】

此诗表达珍惜、饯别贤人之意。

19.《小雅·蓼莪》

蓼蓼者莪，匪莪伊蒿。哀哀父母，生我劬劳。

蓼蓼者莪，匪莪伊蔚。哀哀父母，生我劳瘁。

瓶之罄矣，维罍之耻。鲜民之生，不如死之久矣。无父何怙？无母何恃？出则衔恤，入则靡至。

父兮生我，母兮鞠我。拊我畜我，长我育我，顾我复我，出入腹我。欲报之德。昊天罔极！

南山烈烈，飘风发发。民莫不穀，我独何害！南山律律，飘风弗弗。民莫不穀，我独不卒！

【注释】

蓼（lù）蓼：长而大的样子。

莪（é）：野草，即莪蒿。

匪：同“非”。

伊：是。

劬（qú）劳：与下章“劳瘁”皆劳累之意。

蔚（wèi）：牡蒿。

罄（qìng）：尽。

罍（léi）：盛水器具。

鲜（xiǎn）：指寡、孤。

怙（hù）：依靠。

衔恤：含忧。

鞠：养。

拊：通“抚”。

昊（hào）天：广大的天。

罔：无。

【主题简述】

此诗表达孝子思亲之情。

20.《周颂·清庙》

於穆清庙，肃雝显相。
济济多士，秉文之德。
对越在天，骏奔走在庙。
不显不承，无射于人斯！

【注释】

於（wū）：赞叹词。

穆：庄严、壮美。

清庙：清静的宗庙。

肃雝（yōng）：庄敬和顺的样子。

显：高贵显赫。

相：助祭的公卿诸侯。

济济：众多。

多士：指祭祀时承担各种职事的官吏。

秉：秉承，操持。

文之德：周文王的德行。

对越：报答颂扬。

骏：敏捷、迅速。

不（pī）：通“丕”，大。

承（zhēng）：借为“烝”，美盛。

射（yì）：借为“斁”，厌弃。

【主题简述】

此诗为祭祀宗庙祖先的乐歌。

◎ 其他诗赋

前文各篇涉及部分诗赋如下：

1.《神童何以成为神童》

《咏鹅》

骆宾王

鹅鹅鹅，曲项向天歌。

白毛浮绿水，红掌拨清波。

2.《杜牧的航拍技巧》

《江南春》

杜牧

千里莺啼绿映红，水村山郭酒旗风。

南朝四百八十寺，多少楼台烟雨中。

《阿房宫赋》

杜牧

六王毕，四海一；蜀山兀，阿房出。覆压三百余里，隔离天日。骊山北构而西折，直走咸阳。二川溶溶，流入宫墙。五步一楼，十步一阁；廊腰缦回，檐牙高啄；各抱地势，钩心斗角。盘盘焉，囷囷焉，蜂房水涡，矗不知其几千万落！长桥卧波，未云何龙？复道行空，不霁何虹？高低冥迷，不知西东。歌台暖响，春光融融；舞殿冷袖，风雨凄凄。一日之内，一宫之间，而气候不齐。

妃嫔媵嫱，王子皇孙，辞楼下殿，辇来于秦，朝歌夜弦，为秦宫人。明星荧荧，开妆镜也；绿云扰扰，梳晓鬟也；渭流涨腻，弃脂水也；烟斜雾横，焚椒兰也。雷霆乍惊，宫车过也；辘辘远听，杳不知其所之也。一肌一容，尽态极妍，缦立远视，而望幸焉；有不见者，三十六年。燕、赵之收藏，韩、魏之经营，齐、楚之精英，几世几年，剽掠其人，倚叠如山。一旦不能有，输来其间。鼎铛玉石，金块珠砾，弃掷逦迤，秦人视之，亦不甚惜。

嗟乎！一人之心，千万人之心也。秦爱纷奢，人亦念其家；奈何取之尽锱铢，用之如泥沙？使负栋之柱，多于南亩之农夫；架梁之椽，多于机上之工女；钉头磷磷，多于在庾之粟粒；瓦缝参差，多于周身之帛缕；直栏横槛，多于九土之城郭；管弦呕哑，多于市人之言语。使天下之人，不敢言而敢怒；独夫之心，日益骄固。戍卒叫，函谷举；楚人一炬，可怜焦土。

呜呼！灭六国者，六国也，非秦也。族秦者，秦也，非天下也。嗟乎！使六国各爱其人，则足以拒秦；使秦复爱六国之人，则递三世可至万世而为君，谁得而族灭也？秦人不暇自哀，而后人哀之；后人哀之而不鉴之，亦使后人而复哀后人也。

《过华清宫绝句三首·其一》

杜牧

长安回望绣成堆，山顶千门次第开。
一骑红尘妃子笑，无人知是荔枝来。

3. 《曲说直说》

《风》

李峤

解落三秋叶，能开二月花。
过江千尺浪，入竹万竿斜。

《咏柳》

贺知章

碧玉妆成一树高，万条垂下绿丝绦。
不知细叶谁裁出，二月春风似剪刀。

《近试上张水部》

朱庆馀

洞房昨夜停红烛，待晓堂前拜舅姑。
妆罢低声问夫婿，画眉深浅入时无？

《酬朱庆馀》

张籍

越女新妆出镜心，自知明艳更沉吟。
齐纨未是人间贵，一曲菱歌敌万金。

《山居秋暝》

王维

空山新雨后，天气晚来秋。
明月松间照，清泉石上流。
竹喧归浣女，莲动下渔舟。
随意春芳歇，王孙自可留。

《使至塞上》

王维

单车欲问边，属国过居延。
征蓬出汉塞，归雁入胡天。
大漠孤烟直，长河落日圆。
萧关逢候骑，都护在燕然。

《羌村三首》

杜甫

峥嵘赤云西，日脚下平地。
柴门鸟雀噪，归客千里至。
妻孥怪我在，惊定还拭泪。
世乱遭飘荡，生还偶然遂！
邻人满墙头，感叹亦歔欷。
夜阑更秉烛，相对如梦寐。

晚岁迫偷生，还家少欢趣。
娇儿不离膝：畏我复却去。
忆昔好追凉，故绕池边树。

萧萧北风劲，抚事煎百虑。
赖知禾黍收，已觉糟床注。
如今足斟酌，且用慰迟暮。

群鸡正乱叫，客至鸡斗争。
驱鸡上树木，始闻叩柴荆。
父老四五人，问我久远行。
手中各有携，倾榼浊复清。
莫辞酒味薄，黍地无人耕。
兵戈既未息，儿童尽东征。
请为父老歌，艰难愧深情。
歌罢仰天叹，四座泪纵横。

《静夜思》

李白

床前明月光，疑是地上霜。
举头望明月，低头思故乡。

《赠汪伦》

李白

李白乘舟将欲行，忽闻岸上踏歌声。
桃花潭水深千尺，不及汪伦送我情。

《黄鹤楼送孟浩然之广陵》

李白

故人西辞黄鹤楼，烟花三月下扬州。
孤帆远影碧空尽，唯见长江天际流。

《早发白帝城》

李白

朝辞白帝彩云间，千里江陵一日还。
两岸猿声啼不住，轻舟已过万重山。

《登鹳雀楼》

王之涣

白日依山尽，黄河入海流。

欲穷千里目，更上一层楼。

4. 《热闹的孤单》

《再别康桥》

徐志摩

轻轻的我走了，
正如我轻轻的来；
我轻轻的招手，
作别西天的云彩。

那河畔的金柳，
是夕阳中的新娘；
波光里的艳影，
在我的心头荡漾。

软泥上的青荇，
油油的在水底招摇；
在康河的柔波里，
我甘心做一条水草！

那榆荫下的一潭，
不是清泉，是天上虹；
揉碎在浮藻间，
沉淀着彩虹似的梦。

寻梦？撑一支长篙，
向青草更青处漫溯；

满载一船星辉，
在星辉斑斓里放歌。

但我不能放歌，
悄悄是别离的笙箫，
夏虫也为我沉默，
沉默是今晚的康桥！

悄悄的我走了，
正如我悄悄的来；
我挥一挥衣袖，
不带走一片云彩。

《独坐敬亭山》

李白

众鸟高飞尽，孤云独去闲。
相看两不厌，只有敬亭山。

《月下独酌》

李白

花间一壶酒，独酌无相亲。
举杯邀明月，对影成三人。
月既不解饮，影徒随我身。
暂伴月将影，行乐须及春。
我歌月徘徊，我舞影零乱。
醒时同交欢，醉后各分散。
永结无情游，相期邈云汉。

《白马篇》

曹植

白马饰金羁，连翩西北驰。借问谁家子，幽并游侠儿。

少小去乡邑，扬声沙漠垂。宿昔秉良弓，楛矢何参差。
控弦破左的，右发摧月支。仰手接飞猱，俯身散马蹄。
狡捷过猴猿，勇剽若豹螭。边城多警急，虏骑数迁移。
羽檄从北来，厉马登高堤。长驱蹈匈奴，左顾凌鲜卑。
弃身锋刃端，性命安可怀？父母且不顾，何言子与妻！
名编壮士籍，不得中顾私。捐躯赴国难，视死忽如归！

5.《故意的误会》

《古朗月行》

李白

小时不识月，呼作白玉盘。
又疑瑶台镜，飞在青云端。
仙人垂两足，桂树何团团。
白兔捣药成，问言与谁餐。
蟾蜍蚀圆影，大明夜已残。
羿昔落九乌，天人清且安。
阴精此沦惑，去去不足观。
忧来其如何，凄怆摧心肝。

《望庐山瀑布》

李白

日照香炉生紫烟，遥看瀑布挂前川。
飞流直下三千尺，疑是银河落九天。

《塞下曲六首·其一》

李白

五月天山雪，无花只有寒。
笛中闻折柳，春色未曾看。
晓战随金鼓，宵眠抱玉鞍。
愿将腰下剑，直为斩楼兰。

《白雪歌送武判官归京》

岑参

北风卷地白草折，胡天八月即飞雪。
忽如一夜春风来，千树万树梨花开。
散入珠帘湿罗幕，狐裘不暖锦衾薄。
将军角弓不得控，都护铁衣冷难着。
瀚海阑干百丈冰，愁云惨淡万里凝。
中军置酒饮归客，胡琴琵琶与羌笛。
纷纷暮雪下辕门，风掣红旗冻不翻。
轮台东门送君去，去时雪满天山路。
山回路转不见君，雪上空留马行处。

《东栏梨花》

苏轼

梨花淡白柳深青，柳絮飞时花满城。
惆怅东栏一株雪，人生看得几清明。

《花影》

苏轼

重重叠叠上瑶台，几度呼童扫不开。
刚被太阳收拾去，却教明月送将来。

《纵笔三首·其一》

苏轼

寂寂东坡一病翁，白须萧散满霜风。
小儿误喜朱颜在，一笑那知是酒红。
父老争看乌角巾，应缘曾现宰官身。
溪边古路三叉口，独立斜阳数过人。
北船不到米如珠，醉饱萧条半月无。
明日东家知祀灶，只鸡斗酒定膰吾。

6.《滇诗里的一道天才闪电》

《咏信天翁》

兰廷瑞

荷钱荇带绿江空，唼鲤含鲨浅草中。
波上鱼鹰贪未饱，何曾饿死信天翁？

《信天翁》

波德莱尔，陈敬容译

信天翁是大海上的巨鸟
海员们常常捕捉来开心
这些悠然自得的旅途伙伴
一向随海船风波上飞行
海员们把它们放上了甲板
这蓝天之王便显得迟钝懊丧
巨大的翅膀凄楚地垂下
像两只船桨拖在身旁
这长着翅膀的旅行家别扭而衰弱
往日多漂亮，如今多丑多滑稽
这个人用烟蒂头逗弄着它的嘴壳
那个人模仿着它的伤残难飞
诗人正像这云中的王子
驱策风暴，睥睨猎人
一旦落到尘埃，便引起嘲笑
垂天的巨翼妨碍它自由前行

《夏日》

兰廷瑞

终日凭阑对水鸥，园林长夏似深秋。
槐龙细洒鹅黄雪，凉意萧萧风满楼。

《冬夜》

兰廷瑞

枕上诗成喜不胜，起寻笔砚旋呼灯。

银瓶取浸梅花水，已被霜风冻作冰。

《题嫦娥奔月图》

兰廷瑞

窃药私奔计已穷，藁砧应恨洞房空。

当时射日弓犹在，何事无能近月中？

《嫦娥》

李商隐

云母屏风烛影深，长河渐落晓星沉。

嫦娥应悔偷灵药，碧海青天夜夜心。

7.《豪放与婉约——词的演变与风格》

《清明》

杜牧

清明时节雨纷纷，路上行人欲断魂。

借问酒家何处有？牧童遥指杏花村。

《菩萨蛮·枕前发尽千般愿》

无名氏

枕前发尽千般愿，要休且待青山烂。水面上秤锤浮，直待黄河彻底枯。

白日参辰现，北斗回南面。休即未能休，且待三更见日头。

《菩萨蛮·小山重叠金明灭》

温庭筠

小山重叠金明灭，鬓云欲度香腮雪。懒起画蛾眉，弄妆梳洗迟。

照花前后镜，花面交相映。新帖绣罗襦，双双金鹧鸪。

《望海潮·东南形胜》

柳永

东南形胜，三吴都会，钱塘自古繁华。烟柳画桥，风帘翠幕，参差十万人家。

云树绕堤沙，怒涛卷霜雪，天堑无涯。市列珠玑，户盈罗绮，竞豪奢。

重湖叠巘清嘉，有三秋桂子，十里荷花。羌管弄晴，菱歌泛夜，嬉嬉钓叟莲娃。

千骑拥高牙，乘醉听箫鼓，吟赏烟霞。异日图将好景，归去凤池夸。

8. 《词中圣手辛弃疾》

《永遇乐·京口北固亭怀古》

辛弃疾

千古江山，英雄无觅孙仲谋处。舞榭歌台，风流总被雨打风吹去。斜阳草树，寻常巷陌，人道寄奴曾住。想当年，金戈铁马，气吞万里如虎。

元嘉草草，封狼居胥，赢得仓皇北顾。四十三年，望中犹记，烽火扬州路。可堪回首，佛狸祠下，一片神鸦社鼓。凭谁问：廉颇老矣，尚能饭否？

《青玉案·元夕》

辛弃疾

东风夜放花千树，更吹落、星如雨。宝马雕车香满路。凤箫声动，玉壶光转，一夜鱼龙舞。

蛾儿雪柳黄金缕，笑语盈盈暗香去。众里寻他千百度。蓦然回首，那人却在，灯火阑珊处。

《丑奴儿·书博山道中壁》

辛弃疾

少年不识愁滋味，爱上层楼。爱上层楼，为赋新词强说愁。

而今识尽愁滋味，欲说还休。欲说还休，却道天凉好个秋。

《水龙吟·登建康赏心亭》

辛弃疾

楚天千里清秋，水随天去秋无际。遥岑远目，献愁供恨，玉簪螺髻。落日楼头，断鸿声里，江南游子。把吴钩看了，栏杆拍遍，无人会，登临意。

休说鲈鱼堪脍，尽西风，季鹰归未？求田问舍，怕应羞见，刘郎才气。可惜流年，忧愁风雨，树犹如此！倩何人唤取，红巾翠袖，揾英雄泪？

《西江月·遣兴》

辛弃疾

醉里且贪欢笑，要愁那得工夫。近来始觉古人书，信著全无是处。

昨夜松边醉倒，问松我醉何如？只疑松动要来扶。以手推松曰去！

《鹧鸪天·有客慨然谈功名因追念少年时事戏作》

辛弃疾

壮岁旌旗拥万夫，锦襜突骑渡江初。燕兵夜娖银胡觮，汉箭朝飞金仆姑。

追往事，叹今吾，春风不染白髭须。却将万字平戎策。换得东家种树书。

《生查子·独游雨岩》

辛弃疾

溪边照影行，天在清溪底。天上有行云，人在行云里。

高歌谁和余，空谷清音起。非鬼亦非仙，一曲桃花水。

9.《当行本色李清照》

《声声慢·寻寻觅觅》

李清照

寻寻觅觅，冷冷清清，凄凄惨惨戚戚。乍暖还寒时候，最难将息。三杯两盏淡酒，怎敌他、晚来风急！雁过也，正伤心，却是旧时相识。

满地黄花堆积，憔悴损，如今有谁堪摘？守着窗儿，独自怎生得黑！梧桐更兼细雨，到黄昏、点点滴滴。这次第，怎一个愁字了得！

《永遇乐·落日熔金》

李清照

落日熔金，暮云合璧，人在何处？染柳烟浓，吹梅笛怨，春意知几许。元宵佳节，融和天气，次第岂无风雨。来相召、香车宝马，谢他酒朋诗侣。

中州盛日，闺门多暇，记得偏重三五。铺翠冠儿，捻金雪柳，簇带争济楚。如今憔悴，风鬟霜鬓，怕见夜间出去。不如向、帘儿底下，听人笑语。

10.《同气互相吹一吹》

《发潭州》

杜甫

夜醉长沙酒，晓行湘水春。
岸花飞送客，樯燕语留人。
贾傅才未有，褚公书绝伦。
名高前后事，回首一伤神。

《送友人入蜀》

李白

见说蚕丛路，崎岖不易行。
山从人面起，云傍马头生。
芳树笼秦栈，春流绕蜀城。
升沉应已定，不必问君平。

11.《横排竖排——说排列》

《错误》

郑愁予

我打江南走过
那等在季节里的容颜如莲花的开落

东风不来，三月的柳絮不飞
你底心如小小寂寞的城
恰若青石的街道向晚
音不响，三月的春帷不揭
你底心是小小的窗扉紧掩

我达达的马蹄是美丽的错误
我不是归人，是个过客……

《赞美》

穆旦

走不尽的山峦和起伏，河流和草原，
数不尽的密密的村庄，鸡鸣和狗吠，
接连在原是荒凉的亚洲的土地上，
在野草的茫茫中呼啸着干燥的风，
在低压的暗云下唱着单调的东流的水，
在忧郁的森林里有无数埋藏的年代。
它们静静地和我拥抱：
说不尽的故事是说不尽的灾难，沉默的
是爱情，是在天空飞翔的鹰群，
是干枯的眼睛期待着泉一涌的热泪，
当不移的灰色的行列在遥远的天际爬行；
我有太多的话语，太悠久的感情，
我要以荒凉的沙漠，坎坷的小路，骡子车，

我要以槽子船，漫山的野花，阴雨的天气，
我要以一切拥抱你，你，
我到处看见的人民啊，
在耻辱里生活的人民，佝偻的人民，
我要以带血的手和你们一一拥抱。
因为一个民族已经起来。

一个农夫，他粗糙的身躯移动在田野中，
他是一个女人的孩子，许多孩子的父亲，
多少朝代在他的身边升起又降落了
而把希望和失望压在他身上，
而他永远无言地跟在犁后旋转，
翻起同样的泥土溶解过他祖先的，
是同样的受难的形象凝固在路旁。
在大路上多少次愉快的歌声流过去了，
多少次跟来的是临到他的忧患；
在大路上人们演说，叫嚣，欢快，
然而他没有，他只放下了古代的锄头，
再一次相信名辞，溶进了大众的爱，
坚定地，他看着自己溶进死亡里，
而这样的路是无限的悠长的
而他是不能够流泪的，
他没有流泪，因为一个民族已经起来。

在群山的包围里，在蔚蓝的天空下，
在春天和秋天经过他家园的时候，
在幽深的谷里隐着最含蓄的悲哀：
一个老妇期待着孩子，许多孩子期待着
饥饿，而又在饥饿里忍耐，

在路旁仍是那聚集着黑暗的茅屋，
一样的是不可知的恐惧，一样的是
大自然中那侵蚀着生活的泥土，
而他走去了从不回头诅咒。
为了他我要拥抱每一个人，
为了他我失去了拥抱的安慰，
因为他，我们是不能给以幸福的，
痛哭吧，让我们在他的身上痛哭吧，
因为一个民族已经起来。

一样的是这悠久的年代的风，
一样的是从这倾圮的屋檐下散开的无尽的呻吟和寒冷，
它歌唱在一片枯槁的树顶上，
它吹过了荒芜的沼泽，芦苇和虫鸣，
一样的是这飞过的乌鸦的声音。
当我走过，站在路上踟蹰，
我踟蹰着为了多年耻辱的历史
仍在这广大的山河中等待，
等待着，我们无言的痛苦是太多了，
然而一个民族已经起来，
然而一个民族已经起来。

《宣州谢朓楼饯别校书叔云》

李白

弃我去者昨日之日不可留，乱我心者今日之日多烦忧。
长风万里送秋雁，对此可以酣高楼。
蓬莱文章建安骨，中间小谢又清发。
俱怀逸兴壮思飞，欲上青天览日月。
抽刀断水水更流，举杯消愁愁更愁。
人生在世不称意，明朝散发弄扁舟。

《将进酒》

李白

君不见，黄河之水天上来，奔流到海不复回。
君不见，高堂明镜悲白发，朝如青丝暮成雪。
人生得意须尽欢，莫使金樽空对月。
天生我材必有用，千金散尽还复来。
烹羊宰牛且为乐，会须一饮三百杯。
岑夫子，丹丘生，将进酒，杯莫停。
与君歌一曲，请君为我倾耳听。
钟鼓馔玉不足贵，但愿长醉不复醒。
古来圣贤皆寂寞，惟有饮者留其名。
陈王昔时宴平乐，斗酒十千恣欢谑。
主人何为言少钱，径须沽取对君酌。
五花马，千金裘，呼儿将出换美酒，与尔同销万古愁。

12.《重复的才华——说重复之一》

《青松》

陈毅

大雪压青松，青松挺且直。
要知松高洁，待到雪化时。

《黄鹤楼》

崔颢

昔人已乘黄鹤去，此地空余黄鹤楼。
黄鹤一去不复返，白云千载空悠悠。
晴川历历汉阳树，芳草萋萋鹦鹉洲。
日暮乡关何处是？烟波江上使人愁。

《鹦鹉洲》

李白

鹦鹉来过吴江水，江上洲传鹦鹉名。

鹦鹉西飞陇山去，芳洲之树何青青。
烟开兰叶香风暖，岸夹桃花锦浪生。
迁客此时徒极目，长洲孤月向谁明。

《登金陵凤凰台》

李白

凤凰台上凤凰游，凤去台空江自流。
吴宫花草埋幽径，晋代衣冠成古丘。
三山半落青天外，二水中分白鹭洲。
总为浮云能蔽日，长安不见使人愁。

13. 《续说重复的才华——说重复之二》

《感觉》

顾城

天是灰色的
路是灰色的
楼是灰色的
雨是灰色的

在一片死灰中
走过两个孩子
一个鲜红
一个淡绿

14. 《倒骑毛驴张果老——说倒装》

《积雨辋川庄作》

王维

积雨空林烟火迟，蒸藜炊黍饷东菑。
漠漠水田飞白鹭，阴阴夏木啭黄鹂。
山中习静观朝槿，松下清斋折露葵。
野老与人争席罢，海鸥何事更相疑。

《浣溪沙·簌簌衣巾落枣花》

苏轼

簌簌衣巾落枣花，村南村北响缫车。牛衣古柳卖黄瓜。

酒困路长惟欲睡，日高人渴漫思茶。敲门试问野人家。

《西江月·夜行黄沙道中》

辛弃疾

明月别枝惊鹊，清风半夜鸣蝉。稻花香里说丰年，听取蛙声一片。

七八个星天外，两三点雨山前。旧时茅店社林边，路转溪桥忽见。

15. 《文学核聚变——说型制》

《登岳阳楼》

杜甫

昔闻洞庭水，今上岳阳楼。
吴楚东南坼，乾坤日夜浮。
亲朋无一字，老病有孤舟。
戎马关山北，凭轩涕泗流。

16. 《共有的房间》

《半完成的天空》

托马斯·特朗斯特罗姆，李笠译

懦弱中断自己的行程
恐惧中断自己的行程
兀鹰中断自己的翱翔
急切的光迸溅而出
连鬼魂也品尝了一口
我们的画出现在白昼
我们冰川时期画室的红色的野兽
一切开始环视

我们成群结队地走入阳光
每个人都是半开着的门
通往一间共有的房间
无垠的大地在我们的脚下
水在树林间闪烁
湖泊是对着地球的窗户

《自 1979 年 3 月》

托马斯·特朗斯特罗姆，李笠译

厌倦所有带来词的人，词而不是语言，
我走向雪覆盖的岛屿。荒野没有词。
空白之页向四方展开！
我遇到雪上鹿蹄的痕迹。
语言而不是词。

《饮酒·其五》

陶渊明

结庐在人境，而无车马喧。
问君何能尔？心远地自偏。
采菊东篱下，悠然见南山。
山气日夕佳，飞鸟相与还。
此中有真意，欲辨已忘言。

《春日郊外》

唐庚

城中未省有春光，城外榆槐已半黄。
山好更宜馀积雪，水生看欲倒垂杨。
莺边日暖如人语，草际风来作药香。
疑此江头有佳句，为君寻取却茫茫。

17.《勾勒：兰茂这个人》

兰茂诗选

《早梅诗》

东风破早梅，向暖一枝开。
冰雪无人见，春从天上来。

《蓼汀渔唱》

红蓼吹香处，渔翁坐夕曛。
高歌常待月，余响过行云。
自得身闲乐，宁图俗耳闻。
太平村酒贱，终日醉醺醺。

《秋夜吟》

四邻罢砧杵，鸣鸟傍孤丛。
山窗坐无眠，起视月在空。
银汉泻清影，洗我甲兵胸。
俯首还自怜，身世犹冥鸿。
古来耕钓间，往往皆英雄。
人为洁己士，用有康济功。
我非无其才，盛世多夔龙。
愿作尧舜民，击壤歌时雍。
诗成仰天笑，庭树生清风。

《龙爪花》

灵物曾遗爪，秋来亦挺妍。
托根虽自地，有势欲腾天。
壮气偏宜雨，潜神不在渊。
夜深含露见，恍似抱珠眠。

《瑶峰日彩》

崇山千百仞，突兀耸晴云。
日色曈昽晓，岚光紫翠分。

寸心犹报国，一饭敢忘君。
遥想龙鳞道，朝回景未曛。

《牧》

蓑笠随羔犊，忙闲百不忧。
编笼蓄山鸟，横笛和村讴。
绿野嬉游遍，黄昏睡饱休。
匆匆车马客，未必胜骑牛。

《四景六言》

（一）

花开沽酒留客，睡起卷帘看山。
闲院小窗人静，数声啼鸟绵蛮。

（二）

柏子香销昼永，黄梅雨过风清。
绿荫自无炎暑，碧窗静有棋声。

（三）

露下鹤翻松叶，窗开风袅炉烟。
清宵明月如许，铁笛幽人未眠。

（四）

山窗听雪敧枕，石鼎敲冰煮茶。
谁共此时清兴，老松疏竹梅花。

《四时词》（节选二首）

（二）

湘帘卷上双钩玉，宝鸭沈烟散清馥。
榴花带雨脱轻红，蕉叶含风展新绿。
兰汤浴罢玉肌凉，牙簟沙厨清昼长。
梦到谁人谁唤起？一声啼鸟在垂杨。

（四）

凤篁萧萧绿玉折，乍喧乍静檐前铁。

四垂帘幕不知寒，半启轩窗见飞雪。
琼壶一夜水成冰，惆怅梅花瘦不胜。
拟作新声召和气，炉添兽炭坐调笙。

《端午日》

榴花枝上潇潇雨，独立空山又重午。
薰风南来良可人，钩帘静对槐龙舞。
抚景何由伸雅怀，傍花聊把清樽开。
举觞未饮兀然醉，短歌长赋仍徘徊。
酒阑歌罢吊千古，鱼腹埋魂亦何如？
富贵危机从古然，清醒独醉皆尘土。
男儿特立天地间，才不见用何惭颜。
便当乐志老岩谷，功名未必胜清闲。

《成化丙戌年予七十岁近体诗十首》（节选三首）

（四）

无想无为老矣乎，年高七十漫支吾。
闲看好景山千叠，不负春风酒一壶。
黄土堆谁询事业，青云路枉著功夫。
流光似此能多少，笑彼唏嘘惜壮图。

（五）

眼空殊未见英雄，回首俄成七十翁。
往事悲欢谈笑里，旧交迎送梦魂中。
楚邱何苦夸能辩，亚父无端望立功。
此去百年都是恁，不如随分赏春风。

（八）

七十衰翁两丝鬓，闲游见景即成诗。
幸存酌酒看花福，不在腰镰采蕨时。
丹鼎事殊非所愿，青云路好竟何知。
百年行乐无多日，到此英雄可三思。

《山中野人歌》

山中野人宅一区，蓬门瓮牖绳为枢。震风零雨漏且湿，弦歌不辍常快愉。问之何以然？碧山不负余。余亦无所累，奔走将何如？君不见，孔明抱膝南阳庐，起为苍生续正统，绿野不复操犁锄。星堕中军将士泣，但见荒祠古柏号悲风。又不见，谢安高卧东山嵎，起为苍生作霖雨。青松落色云霞孤，回首邱山弃华屋，但见西山落日荒寒芜。生为贵公死庙食，千古万世流芳誉。我才樗散不堪事，岂为富贵相缠羁？穷通得丧各有命，惭愧羁禄吹齐竽。所幸生逢太平世，量才揣分安其愚。但愿朝廷贤佐有皋契，圣明治世如唐虞。沛然德泽溢四海，生民皞皞蒙沾濡。我辈草莽微臣在山野，耕田凿井歌康衢。一丘一壑有真趣，千驷万钟非所图。不必鸣钟食五鼎，不必剑履丹墀趋。清风明月不我弃，野猿山鸟频相呼。借问松花酿酒几时熟？操瓢挈榼归来乎！

《自题像赞》

形骸猥琐，我问是谁？人说是我。又没甚道骨仙风，又不事雪窗灯火。花月之妖，为何藏躲？万灵之英，为何虚左？泛泛尘缘，茫茫因果。闲坐对青山，无可无不可。

《玄壶百章》（节选二首）

（二）

月本无心照水，月来水便留情。
不择清浊大小，一般与个光明。
至公无私，常应常静。

（九十七）

月到花前弄影，风来水面生纹。
相有诸般变化，一无何所云云。
常应常净，常清净矣。

18.《诗的教育与观念重建》

“孩子们的诗”示例：

《灯》

姜二嫚（7岁）

灯把黑夜
烫了一个洞

《光》

姜二嫚（7岁）

晚上，我打着手电筒散步
累了就拿它当拐杖
我拄着一束光

《原谅》

铁头（8岁）

春天来了
我去小溪边砸冰
把春天砸得头破血流
直淌眼泪
到了花开的时候
它就把那些事儿忘了
真正原谅了我

《眼睛》

陈科全（8岁）

我的眼睛很大很大
装得下高山
装得下大海
装得下蓝天
装得下整个世界
我的眼睛很小很小
有时遇到心事
就连两行泪
也装不下

《很多》

姜馨贺（4 岁）

我挥挥手，就有很多手；
我跑步，就有很多脚；
小狗朝我摇尾巴，就有很多尾巴。
然后，我打秋千，就有很多我。

《杨树》

顾城（8 岁）

我失去了一只臂膀
就睁开了一只眼睛

《烟囱》

顾城（12 岁）

烟囱犹如平地耸立起来的巨人
望着布满灯火的大地
不断地吸着烟卷
思索着一件谁也不知道的事情。

《星月的由来》

顾城（12 岁）

树枝想去撕裂天空
却只戳了几个微小的窟窿
它透出天外的光亮
人们把它叫做月亮和星星

《安慰》

顾城

青青的野葡萄
淡黄的小月亮
妈妈发愁了
怎么做果酱

我说：别加糖
在早晨的篱笆上
有一枚甜甜的
红太阳

《童年》

樊忠慰

我五岁
太阳五岁
我和蚂蚁往树上爬
树像爸爸的背

《白牵牛花》

邹昆凌

在废弃的铁路边。
荨麻、蒲公英和此他草木，
都长得自由欢畅。
我推着自行车从那里经过时，
不到五月天。我感到车铃上
有缕白亮的反光，
低头看见，草叶上缀着两朵花，
这是今年开得最早的牵牛，
且是白色，白得胜过了
玉兰和马蹄莲，又极圆润。
它纯净的丝绒花瓣上，
有五条鲜明的紫色，
如被天空亲吻后留下的唇印。
我独自欣喜：这种小事，
没人会在意，我却注意到
牵牛藤蔓上的心形叶子，
和我血管上的心是一样的，它们
会为早开的两枚花朵得意吗？

《对花说话的人》

邹昆凌

他站在花坛边
在对花说话
花瓣是新鲜而张开的
有金黄的花蕊

他的手势，他的眼神
意在使花感动
都融进了花坛的花影里
而他的语言那么轻柔
是另一朵花的花粉
飘向花坛里粉红的耳朵
这时，他背后发生了车祸
小男孩被撞出二十米
坠地时，血像洇开的霞光
一时大街惊呼起来
交警过来，挤进围观的人群
但那个对花说话的人
声音更加亲切生动
好似他的年龄、表情、服装
都融进了花坛的花影里

车祸已散去了几天
见他还在对花说话的人说
这是个温和幸福的疯子

《一匹马》

韩东

一匹马站在草原上

一动不动
足有十分钟
何以见得这是一匹马
活的，像其他的马一样？

终于它动了一下
我们放心地开车离开

《教育诗篇》

孟浪

猛虎在经历它的诞生：
幼兽啊，你在我怀中的柔情
因短暂而变得珍贵。

猎手在经历他的诞生：
我来到世界睁开的第一眼
不是瞄准。

猛虎的第一声哭
比想象中的还真
猎手的第一声哭
我自己也曾经发出：

幼兽啊，让我和你一起成长
然后各自走向相反的方向

猛虎随那绝美的兽性永无踪迹
猎手，如果是我
就被野蛮的人性葬在不朽中。

后记

传统“书法”是否可能牵连着一条被遗忘许久的“诗教”实践之途？近几年教学之余，我同时在云南师大读博，对“诗教”的兴趣愈发浓烈。“义教、声教、型教三途统整圆融”，“诗的教育”的内涵框架，在现实与理论的双向互动中渐次成形。20年基础教育一线的经历，“义教”“声教”已经积攒了不少经验，唯有与“书法”相连的“型教”，不断的追问中，似乎还在等待着某种现实的机缘。2020年适逢昆十中百年校庆。某天，正在做筹备工作的王杰波副书记要我去看一份新发现的校史资料，因为是文言，还未断句，他希望我能抽空处理一下，好在学校公众号上推出。当我看到落款处，是民国时期云南省教育厅厅长秦光玉撰文、名士大儒陈荣昌先生书丹的碑文时，止不住兴奋，立刻追问原碑下落。王副书记告诉我，碑已不存，档案里可能还有校友捐赠的碑拓复印件。

不久，我有幸得到了这份复印件，立即复印了几份，送给对陈荣昌先生颇有研究的几位专家鉴定。著名书法家赵海若先生看后认为，此碑取法北魏龙门造像刻石题记，在民间气息的基础上，具体汲取了《杨大眼造像记》之方峻、《孙秋生造像记》之古厚，将活泼天真与严肃整齐两种美质融为一体，沉静雅致中蕴含简洁质朴之意，端庄严谨中带有憨拙之态，点画之间的稚拙与文雅把握得恰到好处。由于陈老先生数十年研习颜真卿、钱南园，此碑笔画之间不时表露一些颜体楷书的特质，在他的魏碑风格创作中别具一格；就童真稚气而言，在他一生中可谓绝无仅有。更难得的是书法的内美与碑文的教育情怀相得益彰，无论从哪个角度来说，此碑都深具价值。

求实小学是昆十中的前身，两位文化大师合作为一所私立小学写碑记，寄予教育的厚望，这不仅仅是百年求实单独的荣耀，也是云南教育史上的光辉一页。当我把这些鉴定发现向谢晓玲校长等领导汇报后，谢晓玲校长尤其支持我把碑帖影印出版的想法，大家都觉得有责任将这一份失而复得的珍贵文献用一种适当的方式保存起来，在新的时代条件下，继续将这一具体的求实精神发扬光大，方不辜负先贤的苦心与初心。此间，我又无意间在好友徐曦先生处发现其外公李树德私藏的陈荣昌先生手书《诗经》名篇《蓼莪》《棠棣》的一个册页，此册页亦已绝版多年，而李树德又系昆十中杰出校友聂耳的同学……种种机缘，终于汇成由我初步编辑整理的《陈荣昌书求实校记与诗的教育》一书的初稿，准备交付出版。

正所谓好事多磨，由于疫情等种种原因，不知不觉把此书的出版战线拉得很长，待我在此期间完成了博士论文后，此书出版又重新提上议事日程。当初，为了避免只是单独一个字帖出版的单薄，我试图从课程操作和实用的角度对它进行一些“诗教”设计，融入了我博士论文中的相关思想，但又不便在书中展开此一思想的论述，编排显得模糊而驳杂，不便普通读者理解和阅读。经与中国人民大学出版社编辑及同事、好友多次商讨后，他们建议改为《诗的教育》，大幅度调整内文，以我的“诗的教育”思想及系列讲义为核心内容，并将碑拓、乐谱等对普通读者来说过于专业生涩的内容改为数字资源置于二维码中，这样在完成资料保存的同时，还成就了一本阅读面广的具有原创性的“诗的教育”的书。我接受了这一良好建议，利用假期时间，再次对内容进行大幅度调整，重新编写，乃有焕然一新的《诗的教育》一书问世。

除了上面提到的领导和师友外，此书得以出版还要感谢许多人。

古琴家任红华为我提供了袁嘉穀先生的《诗经古谱》图片，并请其师叔、颜钱体书家王汝俊老先生进行《求实中学校歌》的书法创作书写，以示云南钱南园、陈荣昌一系书法在民间的“活的传统”。另外，徐曦、曹煜民、尹恒、张国兴、任红华等人与我专门为此组建了一个“陈荣昌研究”微信群，专门从各种渠道寻找陈荣昌先生的书迹以完成《求实中学校歌》的集字。我的同学张振兴发动他身边的人为我寻找陈荣昌先生关于“塔”字的书写线索。我的同事、昆十中美术教师晋成先生前期为本书提供了几种封面方案，付出不少心血。我的实习生陈杉、丁丽涛及时为我整理出相关诗教课的讲义，充实了本书的内容。由于假期短暂，家中孩子尚幼，为了避免日常生活的打扰，本书相关内容的改写和最后结构上的调整编辑，是在嵩明凤溪山完成的。山上凤溪寺住持养和法师及其寺院常住给我写作提供了场所便利和生活照顾，山上的风景之美恰与《诗的教育》所需的诗意氛围相合，使我能在有限的时间内高效完成平时难以完成的任务。我的夫人李金萍女士一如既往地担负起家庭日常生活的全部重担，让我能专心致志地完成此书。我还要郑重感谢以下四位师友：

诗人张翔武多年与我激扬诗意，在他担任《春城晚报》副刊编辑期间，鼓励我写下大量诗学随笔。《滇池》文学杂志原主编、诗人李小松老师引导我走上现代诗的写作之路，使我在长年烦琐庸常的工作中能够保持灵觉、诗心不昧。云南大学教授、我的硕导刘徐湘先生，我将他视为我教育思想的“精神之父”。几乎我每一颗教育思想种子的萌芽、绽放，都有他心血浇灌的身影——《诗的教育》也不例外。云南师范大学教授、我的博导刘坚先生，他是我“新诗教”理论成熟的催化者和见证人。如果一本书有“灵魂”的话，没有他们在我生命中的出现，这本书的“灵魂”有可能就没有着落了。

最后，需要特别说明的是，书中涉及的历史资料有其特殊的时代背景，除了个别细微地方进行了技术处理，基本保持原貌，相信新时代的读者自会有批判继承的眼光。另外，本书作为一种理论和实践的新尝试，尚处于不断调适中，对于个别可能失之偏颇的观点、不成熟的做法，在敬请读者能够见谅的同时，希望能得到更高明的指正，以使“诗的教育”能在新的历史条件下不断成长、进步！

图书在版编目（CIP）数据

诗的教育/李文炳著. --北京：中国人民大学出版社，2023.5

ISBN 978-7-300-31582-9

Ⅰ.①诗… Ⅱ.①李… Ⅲ.①诗歌-教学研究-中学 Ⅳ.①G633.302

中国国家版本馆 CIP 数据核字（2023）第 057189 号

诗的教育

李文炳　著

Shi de Jiaoyu

出版发行	中国人民大学出版社		
社　　址	北京中关村大街 31 号	**邮政编码**	100080
电　　话	010－62511242（总编室）		010－62511770（质管部）
	010－82501766（邮购部）		010－62514148（门市部）
	010－62515195（发行公司）		010－62515275（盗版举报）
网　　址	http://www.crup.com.cn		
经　　销	新华书店		
印　　刷	天津中印联印务有限公司		
开　　本	720 mm×1000 mm　1/16	**版　　次**	2023 年 5 月第 1 版
印　　张	12 插页 1	**印　　次**	2023 年 5 月第 1 次印刷
字　　数	166 000	**定　　价**	55.00 元